KB190258

평신도,
교회를 세우다

평신도 중심으로 본 한국 기독교사

평신도,
교회를 세우다

김일환

밥북
B·O·O·K

_ 머리말 _

    한국 기독교사를 저술할 때 가질 수 있는 역사적 관점은 몇 가지가 있다. 기독교사의 초점을 복음을 전해주는 바깥에 맞추는 선교사관宣敎史觀과 민족주의 시각에서 바라보는 민족교회사관民族敎會史觀, 민중계층의 평신도와 무명의 헌신적인 기독교인들을 주체로 놓고자 하는 민중사관民衆史觀 등이다.

    '교회의 날 준비위원회'가 저자에게 초기 한국 기독교사의 집필을 의뢰하며 요청한 것은 평신도가 주체가 되는 기독교사였다. 그렇게 본다면 이 책도 큰 범주에서는 민중사관에 입각한 기독교사라고 할 수 있다. 그러나 이 책은 온전하게 평신도 사관으로 쓰인 책은 아니며, 완전한 평신도 운동사도 아니다. 왜냐하면 기독교적 민중사관이 학문적으로 완전하게 정립되지 않은 것처럼 평신도 사관이라는 것도 학문적으로 분명하게 정립된 게 아니기 때문이다.

평신도平信徒라는 말이 한국 기독교 초기부터 사용되고, 1950년대부터 이브 콩가르(Yves M. J. Congar)나 헨드릭 크래머(Hendrik Kraemer) 등에 의해서 태동한 평신도 신학이 1960년대 초에 한국 교회에 소개되면서 평신도 신학과 운동이 전개되었지만, 평신도 사관에 의한 한국 기독교사 연구는 별로 진행된 바가 없다. 그러므로 평신도 사관을 학문적으로 거론하는 일은 아직 과제로 남아 있다.

따라서 이 책은 한국 기독교사에 있어서 평신도가 주체적으로 활동한 역사적 사실事實들이 많음에도 불구하고 선교사와 한국인 목회자, 또는 교단 중심으로 편중된 역사 서술의 균형을 잡는 차원에서 평신도의 활동을 역사화歷史化하는 작업이라고 할 수 있다. 평신도의 활동을 역사화하는 작업이 선교사와 목회자가 활동한 역사적 사실들을 희석하는 작업은 물론 아니다. 하나의 역사를 복원하는 일이 다른 하나의 역사를 희석하는 일은 왜곡에 불과할 뿐이기 때문이다.

그러므로 이 책은 한국 기독교사에서 선교사 및 목회자와 동등하게 역사적 가치를 지닌 평신도를 역사적으로 복원하는 시도라고 말하고 싶다. 저자가 바라는 것은 이와 같은 역사적 복원작업이 앞으로 더욱 활발하게 일어나는 것이다.

이해를 돕기 위해서 잠시 일러두기를 하면 이 책에서 다루는 시기는 1870년대부터 1900년대까지이므로 이 책은 초기 한국 기독교사이며, 사용한 용어 중 기독교, 혹은 기독교사라는 용어는 현재 한국에서 보편화되어 있는 대로 개신교를 의미하는 말로 사용하였다. 따라서 이 책에서는 기독교, 개신교, 교회라는 용어를 같은 뜻으로 번갈아 사용했다. 그리고 학술적인 역사서 보다는 대중적인 역사서를 지향했기에 주를 다는 것도 피하였으며, 직접 인용한 내용들은 인용문 뒤에 간단하게 출처를 밝혔다.

끝으로 저자에게 집필의 기회를 준 교회의 날 준비위원회와 정의평화를 위한 기독인연대에 감사드리며 책의 내용에 대한 미비함과 아쉬움이 많지만 그래도 한국 기독교사를 알고자 하는 평신도들에게 이 책이 작은 도움이 되기를 소원한다.

2016년 1월   김일환

손과 발이 전하는 역사

역사歷史는 사실事實을 써야 한다. 역사가 사실을 말하지 않으면 더 이상 역사가 아니다. 그러나 모든 사실을 다 기록한다고 해서 역사가 되는 것도 아니다. 그래서 역사가는 수많은 사건과 사실 중에 기록으로 남길 것들을 조사하고 판단하여 선택한다. 어떤 사실은 기억되고 어떤 사실은 흘러가는 세월의 안갯속에 묻힌다. 사실을 기록할 때도 있는 그대로 쓰이는 것은 아니다. 해석 없는 역사는 없다. "모든 역사는 현대사"라는 말이 있는 것처럼 과거의 사건과 사실을 기록하는 시점은 언제나 현재이며, 또 오늘 우리에게 의미를 주고 필요한 것이어야 하기에 반드시 해석과 관점이 필요하다. 따라서 사건은 하나지만 그 사건에 대한 다양한 기록이 가능하다.

한국 교회사를 저술할 때도 마찬가지이다. 한국의 개신교를 이끌어 온 것은 개신교인 모두이다. 그것에 대해 긍정적 평가를 하든, 부정적 평가를 하든지 간에 한국 개신교 역사는 개신교에 몸담았던 사람들 전부의 것이다. 그러나 위에서 말한 바와 같이 모든 사건과 사실을 다룰 수 없기에 한국 교회사 또한 선별과 배제의 과정을 거쳐서 기록될 수밖에 없다.

여기 새로 또 한 권의 한국개신교회사가 쓰였다. 저자의 말대로 이 책은 선교사와 한국인 목회자, 교단 중심으로 편중된 역사 서술의 균형을 잡는 차원에서 평신도의 활동을 역사화한다. 평신도의 활동을 기억하는 역사를 복원하려는 것이다. 이 작업은 오늘의 과제와 맞닿아 있다. 오늘 한국 교회에서 평신도 주체성을 다시금 되새기는 일이 긴급히 요청되기 때문이다. 그래서 이 책은 소중하다.

흔히 역사는 과거의 일을 말하는 것으로 알기 쉬운데, 사실 역사는 오늘을 살기 위함이며, 더 나아가 미래를 만들기 위함이다. 만약 평신도의 활동 기록이 선택되지 않고 기억되지 않는다면, 오늘의 평신도 또한 스스로를 성찰할 힘을 잃기 쉽다. 더 나아가 깨어 있는 소수 지도자의 활동 못지않게 대다수를 이루는 대중의 변화가 한국 개신교의 매우 중요한 과제라면 평신도의 주체성을 되살피는 일은 반드시 필요한 일이다. 여기에 한국 개신교의 미래가 달려 있기 때문이다.

한국 개신교는 시작부터 평신도 주체성을 확보했다. 선교사가 들어오기 이전에 상인들을 중심으로 중국에 있는 선교사를 찾아간다. 그들을 만나고, 그들에게 묻고, 배우고, 성서를 스스로 우리말로 번역하면서 스스로 기독교 신앙을 받아들인 평신도들이 있었다. 이들이 다시 고국으로 돌아와 전도를 하며 한국 개신교가 탄생한다.

이후 한국인 스스로 갈고 닦은 터 위에 선교사가 대거 들어오게 되고, 이후 평신도들은 이 선교사들과 함께 한국 개신교를 만들어 나간다. 한국인들의 한국 교회를 만들기 위해 평신도들은 때로 선교사와의 격렬한 논쟁을 벌이며, 열강들에게 수모를 당하는 나라를 위해 적극적으로 나서며, 새로운 시대를 열어나간다. 남녀차별의 벽을 깨고 당당하게 나서는 여성들, 사람 취급받지 못했던 백정의 순회강연, 일반 민중들을 위한 한글 교육과 새 사람으로 거듭나기 위한 회개 운동에 이은 기독교 민족운동의 전개! 이 모두가 평신도들이 일군 일이다.

이 책은 한국 개신교의 역사를 다른 시각에서 다시 한 번 새롭게 볼 수 있는 안목을 열어 준다. 간략하면서도 이야기체로 엮어가고 있기에 누구나 쉽게 접근할 수 있다. 그러면서도 우리 개신교 역사의 속살들을, 잊으면 안 되는 역사적 의미와 맥락들을 잘 짚어 주고 있다. 평신도와 목회자를 막론하고 이 땅에서 그리스도인으로 어떻게 살아가야 하는가를 성찰하고 노력하는 모든 신앙인에게 일독을 권한다. 분명 한국 개신교인들의 위상이 달리 보일 것이다.

이사야 52장 7절에는 다음과 같은 구절이 있다.

"좋은 소식을 전하며 평화를 공포하며 복된 소식을 가져오며 구원을 공포하며 시온을 향하여 이르기를 네 하나님이 통치하신다 하는 자의 산을 넘는 발이 어찌 그리 아름다운가?"(개역개정판)

구한말 위기의 순간에 전해진 복음의 소식은 이 땅에 한줄기 샘물이었다. 그 샘을 파고 생수를 길어 올려 전한 데에는 언제나 먼저 샘물을 마신 평신도들의 손과 발이 있었다. 이사야 예언자도 복음 전하는 자의 산을 넘는 그 발이 아름답다고 말하고 있다. 우리가 언제 발을 아름답게 기억한 적이 있는가? 소중히 여긴 적이 있는가? 한국 개신교 역사에서 손을 놀리고 발로 뛰어다닌 것은 언제나 평신도였고, 그 힘으로 한국 교회는 이 땅에 뿌리내리고 성장할 수 있었다. 한국 교회는 부지런한

손과 발 덕분에 살아 남은 것이다.

오늘날 한국 개신교는 다시 한 번 새로 거듭남의 요청을 받고 있다. 갱생의 과정은 언제나 아프고 쓰라린 상처와 고통을 동반하기 마련이다. 지금 한국 개신교는 그런 여정을 지나고 있다. 이 여정 속에서 다시 한 번 그 실력을 발휘할 주인공들 또한 평신도이다. 이 책이 그런 길을 가려는 이들에게 위로가 되고, 힘이 되고, 도전이 되기를 빈다.

한문덕 목사(생명사랑교회)

오늘날 한국 교회의 위기를 타개하는 지혜 담겨

60대 중반에서야 교회 출석을 시작한 사람으로서 추천사를 부탁받고 당황스러웠으나, 한국 기독교 초창기 때 평신도 기독인들이 선교에 기여한 사실들을 배울 기회라 여기고 부담스러웠지만 수락했음을 먼저 밝혀둔다.

『평신도 교회를 세우다』는 1870년대부터 1900년대까지 평신도들이 주도적으로 이끌고 헤쳐 오면서 겪은 고난과 성패의 한국 기독교사이다. 책에 담긴 평신도 중심의 한국 기독교사는 침체 내지는 쇠퇴기로 진단되는 현 한국 교회의 위기를 타개하는 지혜가 내포되어 있다.

나아가 『평신도 교회를 세우다』는 평신도들이 한국 기독교의 기초를 닦고, 자립적 틀을 만들어 민중 속에 뿌리내리게 한 역할과 부흥운동, 민족운동 그리고, 국권 회복과 독립투쟁 등에서 그들이 엮어온 기독교 역사를 기술함으로써 다음과 같은 묵상에 잠기게 하는 책이다.

1. 평신도들이 지향해야 할 방향과 목적은 무엇인가?
2. 평신도들이 보조적 역할 한계를 넘었을 때 성직자와의 관계 설정 및 한계는 어떠해야 할 것인가?
3. 끌려가는 평신도에서 끌고 가는 평신도일 때 교회의 변화는?
4. 저자가 밝힌 것처럼 한국 기독교의 非政治化와 沒歷史性에서 평신도가 설정해야 할 과제는 무엇인가?
5. 평신도들이 건강한 교회를 위한 교회 체질개선에 어떻게 기여할 것인가?

2016년은 종교개혁 500주년의 1년 전인 해로서 이 책은 평신도뿐만 아니라 모든 기독인에게 교회의 본질을 회복하고 개혁과 도약을 위한 역할 동기를 줄 수 있는 책이라 믿어 깊이 있는 읽기를 권한다.

'정의평화를 위한 기독인연대' 자문위원 이영욱

_ 추천사3 _

한국 기독교 초창기 평신도들의
순수한 신앙과 열정 오롯이 담겨

『평신도 교회를 세우다』는 주제와 내용이 간결·명료하고 문
장과 논리가 단순명쾌하면서 중요하고 필요한 내용이 알뜰하
게 담겨 있다. 평신도 교재로서 적합한 책이다. 역사학자로서
저자가 선교사와 평신도, 부흥운동과 민족운동 사이에 객관
적이고 균형 잡힌 시각을 끝까지 유지하고 있는 것도 돋보이는
점이다. 이 책에는 초기 선교사들의 신앙과 열정, 아름다운 헌
신과 아쉬운 모습들까지 담겨 있고 초창기 평신도들의 순수한
신앙과 열정과 헌신이 오롯이 들어 있다. 이 땅에서 불타오른
부흥운동과 기독교 민족운동을 과장하거나 낮추어 보는 일
없이 있는 그대로 소개하고 부흥운동과 민족운동이 지닌 역
사적 의미도 밝히고 있다. 이 책을 개신교 초기의 교회사에 대

한 교과서로서 기꺼이 추천한다. 이 책을 통해 선교사들과 평신도들의 신앙과 삶, 열정을 아는 것은 물론 많이 배우고 깨달을 수 있을 것이다.

이 책은 장점이 뚜렷한 만큼 아쉬운 점도 분명하게 드러난다. 아쉬운 점을 몇 가지 지적하고 글을 마치려 한다. 첫째 책의 제목은 『평신도 교회를 세우다』인데 평신도의 관점에서 평신도 사관을 가지고 쓴 책은 아니다. 머리말에서 저자는 평신도에 관한 자료가 부족해서가 아니라 평신도 사관이 학문적으로 확립되지 않았기 때문에 평신도 사관에 따라 책을 쓰지 않았음을 밝히고 있다. 저자의 학문적 입장이 평신도 사관에만 매여 있기 어려웠던 것으로 생각된다. 더욱이 선교사들의 자료는 풍부한데 평신도들의 자료는 빈약하다. 이 책에서 최초의 한국인 신도들에 대한 서술이 선교사들의 관점과 증언에 의존한 것은 선교사들의 증언과 기록은 많이 남아 있지만 초기 평신도들의 증언과 기록은 남아 있지 않기 때문일 것이다. 평신도 사관을 가지고 쓰려고 한다면 평신도에 관한 문헌적 자료들을 자세히 살펴보고 지금이라도 역사가 오랜 교회들을 찾아서 한국 교회 초기의 평신도들의 신앙과 삶에 대해 전해오는 이야기들을 모아야 할 것이다.

오늘날 평신도 교회사를 쓴다는 것은 어떤 의미가 있는가? 오늘의 시대에 믿음을 가진 이들이 함께 모인다는 것이 어떤 의미가 있는지를 근본적으로 물은 다음에야 평신도 교회사를 쓸 수 있을 것이다. 한국 교회사를 넘어서 세계 기독교의 역사를 넘어서 종교와 문명의 근본적인 전환을 요구하는 오늘의 시대에 믿음을 가진 이들이 함께 모인다는 것이 어떤 의미가 있는지를 탐구하는 관점에서 평신도 교회사를 써야 한다. 그런 문제의식으로 보면 평신도란 말 자체가 문제다. 안병무 선생도 평신도란 말을 싫어하셨다. 평민이 왕족, 귀족, 양반에 대립해서 쓰는 말이듯이, 평신도는 성직자에 대립하는 말이다. 성직자가 없다면 평신도도 없다. 민주화한 시대에는 평민이란 말을 쓰지 않듯이 성숙한 신앙을 가지는 시대에는 평신도란 말을 쓸 필요가 없다. 예수는 성직자를 세우지 않았다. 종교개혁자 루터와 칼빈도 성직제도를 부정하고 만인사제설을 주장했다. 목사는 성경을 가르치는 교사일 뿐이다. 교회는 신도들, 성도들의 공동체이지 '평신도'의 공동체가 아니다. 그런데 개신교에서도 목사가 성직자처럼 되고 교회는 목사와 장로가 주도하는 기관이 되고 말았다. 제대로 된 신앙을 가진 이라면 성경 공부도 처음에는 목사에게 배워야겠지만 어느 정도 배운 다음에는 신도들 스스로 성경을 공부하고 서로 배우고 서로 가르칠 수 있어야 한다. 교회에서 신앙의 주체적 자립과 민주화가 이루어지지 않으면 국가와 사회의 민주화도 이루어지기 어려울 것이다.

둘째 신도들을 주체로 교회사를 쓴다면 신도들의 정신·문화적 주체성과 역사적 상황을 밝힌 다음에 써야 할 것이다. 한국인들은 선교사들의 복음을 수동적이고 기계적으로 받아들인 것이 아니다. 선교사들이 먼저 인정했듯이 한국인들은 종교적 감수성이 뛰어난 사람들이었다. 한국인들은 한국과 동아시아의 종교 문화적 주체성을 가지고 기독교의 복음을 받아들였다. 한민족이 기독교 복음을 받아들인 것은 동아시아 문명과 서양문명의 창조적 만남이었다. 기독교와 서양문명을 받아들이는 것을 '문명화'로 보는 것은 문화적 주체성과 전통을 부정한 것이고 서구기독교 문명의 일방적인 수용과 확장을 인정한 것이다. 이것은 한국 교회사에 대한 피상적 관찰이다. 깊고 크게 보면 한국의 근현대 역사와 한국 교회사는 동서문명의 창조적 만남과 민의 주체적 자각운동으로 전개되었다. 한국 근현대사에서 민족계몽운동은 서구의 계몽운동과는 크게 다르다. 서구의 계몽운동은 말 그대로 지식인 엘리트가 무지몽매한 대중을 깨우는 것이었다. 이에 반해 한국에서는 나라가 망하고 식민지가 되는 상황에서 믿을 것은 민밖에 없다고 생각했기 때문에 나라의 주인과 주체인 민을 깨워 일으켜 나라를 되찾고 바로 세우려 했다. 한국에서의 계몽운동 특히 기독교인들의 계몽운동은 민을 나라의 주인과 주체, 하나님의 아들과 딸로 받들어 섬기면서 일으켜 세우는 교육독립운동이었다. 오늘 한국 그리스도인들의 삶과 정신, 감정과 의식을 살펴보면 동서의 종교문화가 서로 주체로서 만나고 있음을 쉽게 알 수 있을 것이다. 한국과 동아시아의 정신문화와 서구의 정신문화가 깊이 창조적으로 만났기 때문에, 민을 주인과 주체로 받들어 섬기는 교육운동이 일어났기 때문에 한국 근현대사에서 참으로 많은 위대한 인물과 정신이 나왔고 위대한 사상과 철학이 나올 수 있었다.

또한 조선왕조가 망하고 일제의 식민지가 되는 고통스러운 역사의 상황에서 한민족이 기독교 신앙을 받아들인 것을 주목해야 한다. 개인의 삶은 역사와 민족사회의 삶과 분리할 수 없다. 만일 역사의 상황과 민족의 운명을 외면하고 기독교 복음을 받아들였다면 그런 기독교 신앙은 민족의 삶과 역사에서 뿌리가 뽑혀서 기독교라는 온실의 화분에 심어진 화초와 같은 것이다. 그것은 주체적으로 역사 속에 살아 있는 신앙이 아니다.

셋째 1915년경까지 다루고 1919년의 삼일 독립운동에 관한 논의에 이르지 못한 것이 참으로 아쉽다. 삼일 독립운동은 한국 근현대사의 중심과 절정일 뿐 아니라 한국 그리스도인들의 신앙과 열정이 일으킨 가장 아름답고 순수하고 거룩하고 위대한 사건이고 운동이다. 초창기 한국 그리스도인들은 나라를 되찾고 바로 세우는 운동에 앞장섰고 그 운동의 중심에 있었다. 삼일 독립운동이야말로 한국 그리스도인들의 신앙과 열정, 꿈과 희망이 가장 숭고하고 원대하게 실현된 역사적 현실이다. 삼일 독립운동은 헌법전문에서 밝힌 대로 대한민국의 합법적 정통이며 민주정신, 민족독립, 세계 평화의 이념과 철학을 품고 있다. 민주 독립 국가를 선언할 뿐 아니라 민족과 국가의 경계를 넘어 세계 정의와 평화의 이념과 정신을 선포함으로써 삼일 독립운동은 새로운 세계문명의 길을 선구적으로 열고 있다. 삼 년 후인 2019년은 삼일 독립운동 100주년이다. 삼일 독립운동의 정신과 철학을 연구하고 그 정신과 뜻을 이어서 오늘 민주적인 나라를 만들고 세계정의와 평화의 길을 열어가는 것이 한국 그리스도인들의 사명이고 과제다.

한국 그리스도인은 동서문명의 만남과 민의 주체적 자각운동으로 일어난 한국 근현대사의 중심에 있다. 한국 그리스도인이 주도적으로 참여한 삼일 독립운동은 한반도의 민주화와 민족통일을 이루고 동아시아와 세계의 정의와 평화에 이르는 길을 뚜렷이 드러내 보여주었다. 이 땅에서 믿음을 가지고 함께 모인다는 것은 예수의 삶과 정신에서 드러난 하늘의 힘과 사랑으로 서로 힘을 돋아주고 함께 일어나 앞으로 나아가자는 것이다. 이 책을 읽고 함께 공부하면서 신도들이 믿음으로 모여서 교회를 세워가고 새로운 교회의 역사를 지어가기 바란다. 신도들은 누구나 그리스도의 제자이고 사도들이다. 하늘의 높은 뜻과 힘을 얻어 21세기의 사도행전을 써 가기를 기대한다.

씨올사상연구소장 박재순

_ 차례 _

제2장

평신도, 자립적 한국 기독교의 틀을 만들다

제3장

민중 속에 뿌리내리는 한국 기독교와 평신도

제4장

부흥운동과 민족운동 속에서의 평신도

/ 제1장

평신도,
한국 기독교의 기초를 놓다

 # 1 의주 상인들과 기독교

1) 의주 상인들, 선교사가 되다

지금까지 발견된 기록에 의하면 개신교 선교사로 우리나라를 처음 방문한 사람은 프로이센 지방 출신인 귀츨라프 목사다. 그는 동인도회사 소속의 로드 암허스트호를 타고 서해안을 따라 남하하다가 1832년 7월 23일경 충청도 홍주만 고대도에 상륙하였다. 그는 이 섬에서 20일 정도 머무르면서 통상을 요구하는 청원서를 보내고, 섬 주민들에게 감자 심는 법과 포도주 만드는 법을 가르쳐 주고 의약품을 나누어 주면서 주민들에게 호감을 샀지만 정상적인 통상 허락을 받지 못한 채 한국 선교의 꿈을 접고 고대도를 떠났다.

그 후 우리나라를 방문한 선교사는 1866년 8월 제너럴 셔먼호를 타고 평양에 왔다가 죽임을 당한 영국 웨일즈 출신 토마스 목사다. 그는 중국에서 선교사역과 청국해관에서의 통역

업무를 병행하던 중 한국에서 온 천주교인을 만난 것이 계기가 되어 한국 선교의 열망을 품게 되었다. 그런 중에 미국 상선인 제너럴 셔먼호가 통상을 요구하기 위해 평양으로 가는 것을 알게 되고 그는 통역업무를 자청하여 이 배에 승선하게 되었다. 그러나 통상 요구는 거부당하고 제너럴 셔먼호와 한국 측은 군사적 충돌을 하게 되어 결국 1866년 9월 2일 제너럴 셔먼호가 화공을 받아 불에 타서 침몰하고 선원들은 모두 타살되는 중에 토마스도 죽임을 당하였다. 이렇게 해서 한국 선교에 대한 또 한 번의 시도는 물거품이 되었다.

성리학적인 세계관에 근거해서 소중화小中華를 자처하며 쇄국 정책을 고집하고, 천주교를 사교邪敎, 즉 사악한 종교로 규정하여 여러 차례 천주교인들을 박해하고 있던 당시 조선 정부의 입장에서 보면 귀츨라프와 토마스는 서양오랑캐에 불과했고, 그들이 타고 온 상선은 물리쳐야 할 이양선異樣船에 불과했기에 그들이 청원한 통상허락과 마음속에 품고 있던 선교에 대한 열망은 이뤄질 가능성이 처음부터 희박했다.

† **고려문이 열리고** †

뜻밖에도 선교의 문은 만주에 있는 고려문高麗門에서 열리게 되었다. 그것은 의주 상인들과 스코틀랜드 연합장로교회 선교사들 간 만남을 통해서 이뤄졌다. 스코틀랜드 연합장로교회는 1862년부터 중국에서 선교를 시작해서 1871년에는 산둥반도를 중심으로 선교하던 중에 1872년 처남 매부 사이인 존로스와 존 매킨타이어가 도착하면서 만주 지역 선교를 시작하였다. 이 무렵 스코틀랜드성서공회 소속의 선교사 윌리엄슨으로부터 제너럴 셔먼호 사건과 토마스 목사의 죽음에 대해서 듣게 된 로스는 1874년 10월에 영구營口를 출발하여 고려문을 처음으로 방문하였다.

고려문은 봉황성 아래에 있던 작은 국경 마을로 조선과 청나라를 오가는 관문이었다. 고려문은 책문柵門, 가자문架子門, 변문邊門 등으로 불렸는데, 이곳은 조선과 청을 왕래하는 사신들이 통관절차를 행하는 곳으로 이런 절차와 함께 상인들에 의한 국경무역이 이뤄지는 곳이기도 했다. 특히 의주 지역 상인들은 개성 지역 상인들과 함께 고려문에서 책문후시라고 부르는 사무역을 활발하게 하고 있었다. 당시 의주 상인을 비롯한 한국 상인들의 국경무역 실태를 살펴보면, 평안도와 황해도를 아우르는 서북지방에서는 일찍부터 자립적 중산층이 형성되었는데, 청과의 국경무역을 통하여 성장한 상인들이 그 대표적인 계층이다. 특히 국경무역을 통해 성장한 의주 상인들을 만상灣

商이라고 불렀는데, 이들은 대개 한문과 만주어에 능통한 사람들로 독립적이며 진취적인 의식을 소유하고 있었다.

로스는 고려문에서 활동하고 있던 의주 상인들을 만나서 그들에게 선교할 마음을 가지고 가능성을 모색했는데, 당시 로스의 열정과 기대감이 얼마나 컸는지 알 수 있는 기록이 남아 있다.

> "나는 가능한 한국인들과 한국에 관해서 많은 것을 알아보려고 그들이 여관의 내 방을 자유롭게 출입하도록 개방하였다. 그들은 아침 여덟 시부터 찾아오기 시작해서 잠을 자기 위해 돌아가는 밤 열 시가 되어서야 중단했다. 자연스럽게 외국인을 만나고 서양 나라에 대해서 배우려는 호기심으로 인해 그들의 질문은 끝이 없었다. 그러나 나는 그들에게 풍성한 정보를 제공했지만 그 대가로 내가 얻은 것은 아무것도 없었다."
>
> [존 로스가 「The Missionary Review of the World Ⅲ」에 쓴 글(1890년 4월)]

이렇게 그의 열정과 노력에도 불구하고 의주 상인들에 대한 선교는 쉽게 이뤄지지 않았다. 로스를 만난 상인들은 영국산 면제품에만 관심을 가질 뿐이었다. 그러던 중 로스에게 50대의 상인 한 명이 찾아왔고, 로스는 그에게 한국어를 배울 수 있었다. 이때 로스는 그 상인에게 한문 신약성경과 어린이를 위해 만든 한문 주석성경인 『훈아진언訓兒眞言』을 주었는데, 그는 그 책들을 가지고 돌아가서 아들과 그 친구들에게 줘서 읽

게 하였다. 이들은 나중에 한국 개신교 최초의 세례 교인들이 되었는데, 그 50대의 상인이 바로 백홍준의 부친이었다. 결국 로스는 첫 번째 고려문 방문에서 그 지역의 활용가치만을 확인한 후 영구로 돌아갔다.

▲ 존 로스

† **복음을 들은 의주 상인들** †

로스가 고려문을 두 번째로 방문한 것은 1876년 4월이었다. 이때 로스는 의주 상인 이응찬을 자신의 어학교사로 채용하였다. 이응찬은 국경무역을 위해 한약재를 배에 싣고 압록강을 건너던 중에 풍랑으로 인해 배가 뒤집힌 탓에 한약재를 모두 버리고 무일푼으로 고려문에 도착한 상황에서 로스를 만나 그의 어학선생이 되었다. 이때 로스는 이미 한글로 성경을 번역하고자 계획을 세우고 있었다. 그는 이응찬과 함께 영구로 돌아와 한국어 공부를 시작하였고, 이응찬의 도움으로

1877년에 상해에서 한국어 교재인 『한국어 첫걸음』(Corean Primer)을 출판하였다. 이때부터 로스는 한글성경 번역을 시작하여 이응찬과 다른 한국인 두 명의 도움을 받으면서 1878년 봄까지 요한복음과 마가복음을 번역하였다.

로스는 이응찬이 귀국한 후에 서상륜을 만났다. 그는 동생 서경조와 함께 홍삼 장사를 하기 위해 영구에 왔다가 열병에 걸려서 사경을 헤매던 중에 친구들의 주선으로 의사인 헌터(J.M. Hunter)에게 치료를 받은 것이 계기가 되어 매킨타이어를 만나게 되었다. 그 후에 로스도 만나서 성경번역 작업에 동참하였는데, 누가복음을 번역하고 난 후 세례받기를 원했지만 로스는 더욱 확고한 신앙을 가질 때까지 기다리도록 하였다.

1879년에는 백홍준과 이응찬을 비롯한 4명의 한국인이 안식년 휴가 중인 로스 대신에 매킨타이어로부터 세례를 받아서 한국 개신교 최초의 신앙공동체가 형성되었다. 1879년 초에 두 명의 한국인이 기독교에 관심을 가지고 매킨타이어를 찾아온 일이 있었다. 매킨타이어는 이들을 중국인 교회 초신자반에서 공부할 수 있도록 해 주었으며, 그중에 학식 있는 한 명에게 성경번역 업무를 맡겼다. 이 청년들은 백홍준의 부친에게서 받은 한문성경과 『훈아진언訓兒眞言』을 2~3년 동안 읽고 찾아와서 세례받기를 요청한 것이다.

이런 요청에 대해 매킨타이어는 그들을 고향으로 돌려보내서 가족들과 마을 사람들에게 자신의 신앙을 공개적으로 고백하고 돌아오도록 하였다. 두 명 중에 이런 시험을 통과한 사람은 성경번역 업무를 맡았던 사람으로 그는 다시 돌아와 매킨타이어로부터 세례를 받아 한국 개신교 최초의 세례 교인이 되었다. 그는 그 후에도 영구의 중국인 교회에 출석하며 성경을 배우는 한편 계속해서 성경번역 작업도 했다. 하지만 이 사람이 정확하게 누구였는지 아직도 이름이 밝혀지지 않았다.

그 후 백홍준이 매킨타이어를 찾아와서 3~4개월을 함께 지낸 뒤 세례를 받고 의주로 돌아가 전도활동을 시작하였다. 두 사람의 세례에 이어 세 번째 세례자가 된 사람은 이응찬이었다. 그는 오랫동안 성경번역을 했지만 식사를 할 때마다 술을 마셨고, 상습적으로 아편을 맞고 있다는 의심을 받고 있어서 세례받는 일이 계속 연기되었다. 하지만 고향인 의주에 다녀온 후부터 변화된 모습을 보여서 7월경 세례를 받았다. 또한 이응찬과 같이 온 의사 출신의 친척도 몇 개월 동안 성경번역을 돕다가 12월경 세례를 받고 의주로 돌아갔다. 이렇게 해서 1879년 말에는 4명의 한국인 세례 교인이 존재하게 되었다. 안식년으로 영국에 머물고 있던 로스는 이 소식을 듣고 다음과 같이 감격하였다.

"매킨타이어는 또한 4명의 학식 있는 한국인들에게 세례를 주었다. 이들은 앞으로 있을 놀라운 수확의 첫 열매들이라고 확신한다. 비록 한국이 서구의 나라들과 어떠한 접촉도 철저하게 차단하고 있지만, 그 쇄국은 곧 무너질 것이고, 또한 한국인들은 중국인들보다 천성적으로 꾸밈이 없는 민족이고 더욱 종교적인 성향을 지니고 있으므로, 나는 그들에게 기독교가 전파되면 곧바로 급속하게 퍼져나갈 것으로 기대한다. …작년(1879)에 모두 학식 있는 4명의 한국인이 세례를 받았으며, 이들 외에도 기독교의 본질과 교리를 탐구하는 11명의 다른 사람들이 있고, 현재 동일한 수의 사람들이 한국 민족을 위해 성경과 기독교 문학을 준비하는 우리의 문서사업을 위해 7~8일이 걸리는 우리 선교본부까지 기꺼이 올 것으로 기대된다. 그러므로 바로 여기에 기독교회를 향해 열려있는 새민족, 새나라, 새언어가 있는 것이다."

[존 로스가 「The United Presbyterian Missionary Record」에 쓴 글(1880년 10월)]

　로스는 이렇게 4명의 한국인이 세례받은 것을 기뻐하면서 한편으로는 한국에서 기독교가 빠르게 전파될 미래를 꿈꾸고 있었다. 로스의 그런 꿈은 젊은 의주 상인들의 능동적이고 자립적인 믿음과 활동을 통해 현실이 되어 가고 있었다.

　로스 및 매킨타이어와 의주 출신 세례자들이 주력한 것은 성경번역 작업이었다. 이 성경번역은 1877년부터 1886년 가을까지 계속되었다. 먼저 번역에 참가하였던 한국인들이 누구였는지를 살펴볼 필요가 있다. 비록 로스가 『예수셩교젼셔』의 번역을 계획하고 진행했지만, 그가 "한국인 번역자가 1명이라도 없었더라면 나는 아무것도 할 수 없었을 것"이라고 고백한 것처럼 실제 번역작업은 한국인 개종자들에 의해서 이뤄졌다는 점에서 로스본(Ross Version)이라고 하는 것보다는 예수셩교본이라고 하는 것이 맞을 것이다.

　먼저 『예수셩교젼셔』 번역에 가장 크게 공헌한 사람은 이응찬이다. 그는 로스와 매킨타이어에게 한글을 가르쳐 주었고 6년 동안 예수셩교본의 절반 이상을 번역하고 수정하던 중에 안타깝게도 콜레라에 걸려 1883년 9월에 세상을 떠났다. 서상륜과 백홍준은 1년이 채 안 되는 기간 동안 번역작업을 하였고, 1879년 첫 번째로 세례받은 청년과 네 번째로 세례받은 이응찬의 친척도 세례받기 전 몇 개월 동안 번역작업을 했으며 최성균도 일정기간 번역작업을 했다. 그런데 예수셩교본은 한문 성경을 대본으로 사용하였기 때문에 한문표현이 많이 등장하였고, 또 번역작업을 한 한국인들이 대부분 의주 출신이기 때문에 서북 지역의 사투리가 많이 들어가게 되었다. 번역진들도 이런 번역의 한계를 느끼고 있었는데, 1881년 가을에 서울 출신의 학자들이 참여하게 되었다.

첫 번째로 동참한 서울 출신 학자는 전직관리였는데, 1882년 7월에 세례를 받아 서상륜에 이어 일곱 번째 세례자가 되었다. 그 후에 또 다른 서울 출신 학자가 1882년 가을에 로스에게 세례를 요청하러 왔다가 1년 가까이 지내면서 복음서로부터 고린도후서까지 수정 번역작업을 했다. 그리고 임오군란으로 인해 국경으로 좌천된 군인들 중 몇 명도 1884년 번역진에 합류했다. 그런데 예수셩교본의 한국인 번역자들은 성경을 통해 기독교를 알게 된 후에 자신의 신앙을 고백하거나 기독교의 진리를 더욱 확실히 배우기 위해서 로스를 찾아가서 세례를 받고 난 후에는 고향으로 빨리 돌아가서 가족이나 친지들에게 복음을 전하고자 했기 때문에 이응찬 외에는 모두 몇 개월 혹은 1년 정도만 번역에 참가하였다.

예수셩교본의 출판작업은 로스가 안식년 휴가를 마치고 돌아온 1881년 6월부터 시작되었다. 스코틀랜드성서공회의 지원으로 일본 요코하마에서 제작된 한글 활자가 7월에 도착하였고, 인쇄기는 상해에서 구입하였다. 2명의 중국인 인쇄공과 집안현輯安縣 출신의 약재상인 김청송이 식자공으로 채용되었고, 심양에 있는 문광서원에서 1881년 9월부터 시험인쇄를 해서 먼저 교리문답서인『예수셩교문답』과 신약성경을 요약한『예수셩교요령』을 10월에 출판하였다. 이 소책자들은 수천 권이 인쇄되어, 1882년 만주와 일본을 거쳐 국내에 배포되었다.

▲ 예수셩교누가복음젼셔

뒤이어 한국 개신교 최초의 번역 성경인『예수셩교 누가복음젼셔』가 51쪽 분량으로 인쇄되었고, 계속해서 요한복음을 비롯한 다른 복음서와 서신들도 단편이나 합본으로 발행되었으며 1887년에는 최초의 한글 신약성경인『예수셩교젼셔』로 출간되었다. 이렇게 성경번역을 시작한 지 10년, 성경 출판을 시작한 지 5년 만에 한국에는 이미 수만 권의 성경과 전도용 소책자가 배포되고 있었다.

▲ 예수셩교젼셔

† 상인들이 선교사가 되어 †

성경 배포는 한국인 개종자들과 권서勸書(colporteur) 또는 매서賣書라고 불리는 사람들에 의해서 이뤄졌다. 권서는 성서 공회에 고용되어 성경과 전도책자를 배포하는 행상을 말하는데, 이런 권서제도는 1804년 세계 최초로 영국성서공회가 설립된 이후 성경을 판매하고 배포하기 위해 만들어졌으며, 유럽과 미국 기독교가 활발하게 선교를 하면서 영국성서공회, 스코틀랜드성서공회, 미국성서공회 등에 의해서 발전하였다.

한국인 개종자들과 권서들은 성경을 배포하는 일이 금지되어 있던 시절에 위험을 무릅쓰고 몰래 성경을 짊어지고 마을마다 들어가 복음의 씨앗을 뿌린 진정한 평신도 선교사였다. 이들이 있어 미국 선교사들이 한국에 들어오기 전인 1880년대 초에 이미 만주와 국내에 여러 신앙공동체가 만들어질 수 있었다.

이렇게 평신도 선교사로서 선구자적 역할을 한 대표적인 권서는 김청송, 백홍준, 서상륜 등을 들 수 있다. 김청송은 1882년 3월 한글성경이 출판되면서 최초의 완성된 복음서를 가진 전도자 겸 권서로 파송되었다. 그는 고향인 집안현을 중심으로 28개 한인촌을 방문하여 한글성경과 전도책자를 배포하였다. 김청송의 열정적인 선교활동으로 한인촌에는 많은 개종 희망자가 나타났고, 많은 사람들이 세례를 요청하여 로스는 1884년 11월 동료 선교사 웹스터(J. Webster)와 함께 한인촌을 방문하여 4개 마을에서 75명의 남자에게 세례를 베풀었다.

백홍준은 1879년에 세례를 받은 직후부터 의주를 중심으로 전도활동을 하다가 1884년에 정식으로 권서로 임명되어 의주, 위원, 강계, 삭주 등 평안북도 지역에서 성경을 배포하며 선교활동을 했다. 백홍준은 1879년부터 선교활동을 하는 중에 성경과 소책자를 몰래 숨겨 들여오다 발각되어 몇 개월간 투옥

▲ 권서인 백홍준-서상륜-최명오

되는 일을 겪기도 했지만 오히려 "나를 위해 돌아가신 예수님을 위해 핍박받는 것을 즐거워한다"고 고백하기도 했다.

서상륜은 1882년 10월에 대영성서공회 최초의 한국인 권서로 임명되었는데, 그는 한글성경과 전도책자를 가지고 봉천을 출발했지만 고려문에서 발각되어 별정소에 구금되었다가 별정소

의 관리로 있던 친척 김효순과 김천련의 도움을 받아 비밀리에 탈출하여 의주로 돌아오기도 하였다. 또한 서상륜은 1883년 초에 서울로 가서 4백 권의 복음서를 6개월간 배포했는데, 그 결과 여러 명의 개종자가 생겨났으며 13명의 사람이 세례받기를 희망해서 만주에 있는 로스에게 서울로 와서 세례를 베풀어 주기를 요청하기도 했다. 로스는 서울을 방문하는 대신 1884년 봄에 한글성경을 비롯하여 한문성경, 소책자 등 6천 권을 배편으로 보냈는데, 이 책들은 제물포해관에서 발각되어 압수당하고 말았다. 이때 서상륜은 정부의 외교고문으로 활동하고 있던 독일인 묄렌도르프(Paul George von Mollen-dorf)의 도움으로 이것을 무사히 전달받아 계속 선교활동을 하기도 했다.

2) 의주 상인들, 한국 기독교의 요람을 만들다

이미 말한 바와 같이 로스와 매킨타이어를 만나서 기독교에 입교한 한국인들이 자발적인 평신도 선교사가 되어 활동한 결과 자연스럽게 만주와 국내에서는 한국인 신앙공동체를 형성하게 되었다. 대표적인 신앙공동체가 집안현교회, 의주교회,

소래교회였다. 이 교회들은 미국선교사들이 한국에 정식으로 입국하기 전에 한국인 전도자와 교인들이 자립적으로 설립한 자생교회로 한국 기독교의 요람일 뿐만 아니라 장차 한국 기독교가 가지게 되는 자립적인 신앙과 활동이라는 특성을 이미 품고 있던 신앙공동체였다.

† 집안현교회 †

집안현교회는 식자공으로 일하고 있던 김청송이 한글성경인 『예수성교 누가복음젼셔』와 『예수성교 요안내복음젼셔』 수천 권과 전도책자를 가지고 고향인 집안현 한인촌으로 돌아와 배포 전도하면서 시작되었다. 김청송의 노력은 6개월도 되지 않아서 열매를 맺기 시작해서 그에게 성경과 전도책자를 받은 사람들이 기독교에 입교하기 시작한 것이다.

이와 같은 선교의 결실이 나타나자 김청송은 로스에게 이런 상황을 알리고 로스가 직접 집안현으로 와서 세례를 베풀어줄 것을 요청하였다. 그런데 성경번역과 출판 때문에 로스의 방문이 6개월 정도 지연되던 중에 세례를 받고자 하는 사람들은 더욱 늘어났고, 1884년 가을에는 몇 명의 집안현 사람들이 로스를 직접 찾아가는 일까지 일어나자 결국 그해 11월에 선교사 웹스터(J. Webster)와 함께 집안현을 방문하여 세례를 베풀었다. 이때 세례를 받은 사람이 집안현 4개 마을에서 모두 75명이나 되었다. 로스는 이때의 감격을 이렇게 회고하고 있다.

> "2년 전에 그들의 생활에 큰 변화를 일으킨 일이 일어났는데, 그리스도의 복음이 이 골짜기에 들어온 것이다. 그래서 수백 명의 한국인이 구원의 길을 찾아 날마다 행복한 생활을 하고 있다 … 한 사람의 (외국) 선교사도 찾아간 일이 없는 곳에 한글성경과 전도문서가 전해지고 엄청난 결과를 가져오게 되었다. 그들은 2년 전까지 이교의 암흑 속에서 살던 사람들이었지만 지금은 예수 안에서 죄사함을 받고 하나님의 구원을 확신하며 기쁨에 찬 생활을 하고 있다."
>
> [존 로스가 「The Foreign Missionary」에 쓴 글(1886년 9월)]

이런 일이 가능했던 것은 김청송이라는 한 평신도의 열정과 헌신이 있었기에 가능한 일이었다. 이렇게 해서 비록 국내는 아니지만 옛 고구려의 수도였던 집안현에 최초의 한국인 중심의 개신교회가 설립되었다. 집안현교회는 1년 후에 25명이 더 세례를 받아서 세례 교인만 100명이 넘었고 세례지원자가 600명에 이르는 교회가 되었다. 이렇게 되자 집안현교회는 중국인들로부터 감시와 방해를 받는 상황에 직면하기도 했다. 중국인들 입장에서 급성장하는 한인교회를 중심으로 한 국인들이 자신들에게 해를 끼치지 않을까 하는 의심에서 이런 방해가 시작되었다. 그러나 이런 중국인들의 방해에도 불구하고 집안현교회는 계속 발전하여 1898년에는 이성삼, 임득현을 집사로 임직했으며 압록강 주변 지역의 모교회이자 선교기지 역할을 감당하는 교회가 되었다.

† 의주교회 †

김청송에 의해서 집안현 선교가 시작될 때 의주 지역의 선교는 백홍준과 이성하에 의해서 시작되었고 그들의 선교에 의해서 형성된 교회가 의주교회이다. 1883년 이성하는 권서로 의주에 들어와서 말로 복음을 전하다가 성경의 필요성을 절감하고 만주로 건너가 한글성경을 가지고 의주 연안에 있는 구련성九連城 만주인 여관에 투숙했지만 워낙 국경의 경계가 삼엄하여 월경하는 것이 불가능했다. 그는 할 수 없이 가지고 온 성경을 소각하거나 압록강에 버릴 수밖에 없었다. 그 후 이성하는 다시 여러 차례 국내로 몰래 들어와서 성경을 배포하며 선교하다가 건강이 악화되어 권서직을 사퇴하고 1884년 가을부터는 백홍준이 그 일을 대신 맡게 되었다.

백홍준은 성경을 한 장씩 뜯어서 말아 새끼를 만든 후에 그 것으로 다른 여러 권의 책을 묶어 발각되지 않고 무사히 국경 을 통과하는 방법으로 한글성경을 반입해서 배포하였다. 그는 자기 고향인 의주와 강계, 부성, 삭주 등 평안북도 지역을 다니 면서 선교를 한 결과 1885년에는 약 18명의 교인이 그의 집에 모여서 예배를 드리게 되었다. 그 후 백홍준은 미북장로교회 선교사인 언더우드의 조사 가운데 한 사람이 되어서 의주 지 역 선교를 계속 감당했으며, 그 결과 1889년에는 김이련을 포 함한 33명이 압록강에서 언더우드에게서 세례를 받았다. 그러 나 백홍준은 1892년 로스를 비롯한 외국인과 불법으로 내통 했다는 죄목으로 체포되어 2년 동안 봉천 감옥에서 투옥생활 을 하던 중에 세상을 떠나고 말았다. 비록 백홍준은 이렇게 세 상을 떠났지만 그의 선교사역은 계속 열매를 맺어 1897년경 의주 지역에는 세례받기를 원하는 사람이 600명 이상 존재하 였다.

† 소래교회의 신앙이 서울로 이어지고 †

흔히 한국 개신교의 요람이라고 불리는 소래교회는 서상륜 과 서경조 형제의 선교에 의해서 형성된 교회다. 1882년 10월

대영성서공회 최초의 한국인 권서로 임명된 서상륜은 한글성경과 전도책자를 가지고 봉천을 출발했지만 고려문에서 발각되어 별정소에 구금되었다. 다행히 별정소의 관리로 있던 친척 김효순과 김천련의 도움을 받아 비밀리에 탈출하여 의주로 돌아올 수 있었다. 그러나 신변의 위협을 느낀 서상륜은 동생 서경조와 함께 외가가 있는 황해도 소래로 피신하였는데, 여기에서 그들은 선교활동을 하여 18명이 개종하였고 이들을 중심으로 1883년 5월 16일부터 주일마다 은밀하게 집회를 가졌는데 이것이 소래교회의 시작이다. 물론 이때에는 서상륜이 중심이 되어 성경과 교리를 공부하였고, 집회도 개인의 집을 돌아가면서 모였다. 그러다 1886년경에는 독자적인 예배장소를 마련하여 예배를 드리게 되었다.

그 후 1886년 말에 서상륜은 서울에서 언더우드 선교사를 만나게 되는데, 그는 언더우드에게 소래의 교인들에게 세례를 베풀어 달라고 요청했다. 하지만 선교사의 지방 여행이 아직 어려운 상황이어서 소래의 교인들은 1887년 1월 23일 서울까지 와서 세례를 받았다. 이때 세례를 받은 사람들은 서경조, 정공빈, 최명오 등 3명이었다. 이렇게 서울로 와서 세례를 받은 소래교회 교인들은 1887년 9월 초까지 11명이나 되었다. 소래교회 교인들은 1887년 9월 27일 서울 정동의 언더우

▲ 소래교회(1898년)

드 자택에서 정동교회(새문안교회)가 설립될 때에도 함께 하였다. 정동교회의 처음 설립교인 14명 중 13명이 서상륜과 서경조의 전도로 기독교인이 된 소래교회 사람들이었으니 만주에서 의주 상인들이 로스를 만남으로 시작된 한국 기독교의 도도한 흐름이 이렇게 서울의 정동교회까지 연결되는 것을 보게 된다.

2 이수정과 기독교

1) 한국의 마케도니아인이 된 이수정

"그러므로 구원을 받았는지 여부를 알고자 하면 마땅히 자신에게 신심信心이 있는지 여부를 살펴볼 것이요, 스승에게도 묻지 말며 하나님께도 여쭙지 말 것입니다. 이것이 하나님과 사람 사이의 지극한 감응을 이루는 징험입니다. 다만 이 뜻을 탐구하지 않더라도 하늘 위에 우리 아버지가 분명히 계시며 그리스도 안에 성령께서 분명히 계심을 확신하면 죄 사함을 얻고 반드시 천국에 이를 것은 의심할 바 없습니다."

이것은 이수정이 1883년 5월 도쿄에서 열린 제3회 전국기독교도 대친목회에 참석하여 고백했던 신앙고백의 한 부분이다.

† 이수정 일본에서 기독교인이 되다 †

만주와 의주 지역에서 성경출판과 한국인 개종이 이뤄지고 있을 때 일본에서는 이수정이 기독교인이 되었다. 그는 개화파 인물로 1882년 9월에 수신사修信使의 비공식 수행원으로 일본에 건너갔다. 1882년 6월에 일어난 임오군란 후에 고종은 일본과의 관계회복을 위하여 그해 9월에 박영효를 정사, 김만식을 부사로 하는 수신사를 파견하였다. 이때 김옥균과 민영익이 밀사 자격으로 함께 갔었는데, 이수정은 일찍부터 민영익과 친분이 있어서 그의 비공식 수행원으로 일본에 가게 되었다. 이수정이 민영익을 따라서 일본에 간 목적은 일본의 근대문물을 시찰하고 연구하는 것이었지만, 앞서서 1881년에 조사시찰단朝士視察團으로 일본을 다녀온 친구 안종수로부터 들은 바 있는 기독교인 농학자 쓰다센津田仙을 만나 일본의 근대농업정책에 대해서 배우는 것과 기독교에 대해서 배우고자 하는 목적도 있었다.

이수정은 도쿄에 도착해서 짐을 풀 겨를도 없이 곧바로 쓰다센을 만나러 갔다. 첫 만남에서 두 사람은 산상수훈에서 시작하여 기독교에 관한 대화를 이어갔고, 쓰다센은 일본어에 익숙하지 않았던 이수정에게 한문 신약성경 한 권을 주었다. 이수정은 숙소로 돌아와 한문성경을 읽는 중에 감동을 받았고 점차 기독교 신앙에 대한 관심이 깊어졌다. 그러던 중 어느 날 이수정은 꿈을 통하여 특별한 경험을 하게 되었다.

> "그는 한 꿈을 꾸었다. 꿈에 키가 큰 사람과 작은 사람 두 사람이 한 바구니 가득 책을 가지고 나타났기에 이수정이 '이것들은 무슨 책이냐'고 묻자 그들은 '이 책들은 당신 나라의 모든 책들보다도 가장 중요한 책들'이라고 대답하였다. 이수정이 다시 무슨 책이냐고 묻자 그들은 '성경'이라고 대답하였다"
>
> [일본주재 미국 성서공회 총무 루미스의 1885년 5월 30일 보고서]

이런 꿈을 꾼 후 이수정은 쓰다센의 도움을 받으며 성경연구에 더욱 몰두하기 시작했고 수신사 일행이 귀국할 때에 자신은 남아서 쓰다센에게 농업기술을 더 많이 전수받겠다고 하면서 일본에 남았다. 그 후 이수정은 1882년 12월 25일에 도쿄 쓰키지교회築地敎會(도쿄제일장로교회)의 성탄축하예배에 참석하는 것을 계기고 정기적으로 교회에 출석하기 시작했으며, 1883년 초부터 쓰다센이 소개해 준 오사다長田時行와 함께 성경을 체계적으로 공부하는 중에 기독교에 입교하기로 결정했다.

이수정은 1883년 4월 29일에 세례를 받았는데, 세례문답은 미국선교사 녹스(G. W. Knox)에 의해 2시간 동안 진행되었으며, 문답 과정을 통과한 이수정은 1883년 4월 29일 주일에 야스가와 목사 입회하에 로게쓰초교회露月町教會에서 녹스로부터 세례를 받았다. 이로써 이수정은 일본에 간 지 7개월 만에 한국인으로서 일본에서 세례받은 첫 개신교 신자가 되었다.

세례를 받은 이수정은 일본에서 기독교인으로서 활발한 활동을 했는데, 그는 일본에 온 지 7개월밖에 되지 않았지만 일본어를 유창하게 구사할 만큼 빠르게 배워서 두 번이나 일본어로 설교하기도 했다. 또한 천주교의 조선 전래 과정을 담은 『천주교입조선사실天主教入朝鮮事實』을 저술했으며, 조선의 지리, 민속, 제도, 법률, 문예, 물산 등을 소개한 조선일본선린호화朝鮮日本善隣互話를 쓰기도 했다. 그리고 1883년 8월부터 동경외국어학교에서 한국어 교사로 일하기도 했다.

† 한국 개신교 최초의 신앙고백문 †

이수정의 활동 중에 가장 주목할 것은 1883년 5월 8일부터 도쿄에서 열린 제3회 전국기독교도 대친목회에 참석한 것이다. 이 대회는 우찌무라 간조, 우에무라, 니지마 죠 등을 포함한 일본 교회의 목사, 교사, 평신도지도자들이 참석했는데, 이수정은 이 대회 중 5월 11일에 열린 특별기도회에서 한국어로 공중기도를 했다. 우찌무라 간조는 이때 받은 감동을 이렇게 증언하였다.

"참석자 중에는 한 사람의 한국인이 있었는데, 그는 이 은둔국
의 국민을 대표하는 명문의 사람으로 일주일 전에 세례를 받고
자기 나라 의복을 항상 착용하는 기품이 당당한 자로서 우리 중
에 참석하고 있었다. 그는 자기 나라말로 기도했는데, 우리들은
그 마지막에 아멘 하는 소리밖에 알아듣지 못했다. 그러나 그 기
도는 무한한 힘을 가진 기도였다. …우리들의 머리 위에는 무엇
인가 기적적이요 놀랄 만한 사실이 일어나고 있다는 것을 온 회
중이 다 같이 감득했다. 우리들 회중 일동은 다 태양이 머리 위
에 비치고 있지 않은가 할 정도로 기이하게 여겼다."

[오윤태의 「한국 기독교사」 61쪽]

그리고 12일에 열린 야유회에서는 요한복음 15장을 근거해
서 한문으로 신앙고백문을 작성하여 발표하였다. 이 신앙고백
문에서 이수정은 성리학에 능통한 유학자 가문 출신답게 삼
위일체 하나님의 내재를 유학의 감응感應 논리를 빌려서 설명
하였으며, 하나님과 사람이 서로 감응하는 것은 '등잔의 심지
가 타는 것'과 '종이 울리는 것'에 비유하여 설명하였다. 또한
은혜와 믿음에 의한 속죄와 구원의 교리에 근거해서 불교의
자력구원관을 비판하기도 했다. 이 신앙고백문은 한국인이 작
성한 문서로 남아 있는 한국 개신교 최초의 신앙고백문이라고
할 수 있다.

▲ 전국기독교도 대친목회에 참석한 이수정(앞줄 오른쪽 네 번째)

 이수정은 또한 도쿄에 있는 한국인들을 대상으로 전도하기 시작했는데, 김옥균의 인솔로 일본에 와 있던 30여 명의 유학생에게 전도하기 시작했다. 그 유학생 중에 손붕구가 감동을 받아 이수정에게 성경을 배우기 시작했고 결국 1883년 6월에 세례문답을 받았다. 이어서 다른 학생들도 입교하여 세례받기를 원하게 되자 이수정은 이들을 위하여 요리문답학교를 개설했다. 그리고 12월에는 『한성순보』 발행 준비를 위해 유학하고 있던 청년 박영선이 세례를 받았다. 이렇게 해서 1883년 말 도쿄에는 박영선, 이경필, 이계필, 김익승, 박명화 등 7~8명의 한국

인 세례 교인이 존재하게 되었고, 이들을 중심으로 신앙공동체
가 만들어졌는데, 이것이 도쿄에 세워진 최초의 한인교회였다.

† 한국의 마케도니아인의 부름 †

한편 이수정은 한국 선교를 위하여 미국기독교가 선교사를
파송해 주기를 바랐다. 이수정의 선교사 파송 요청은 녹스에
의해서 미국에 알려졌으며, 일본 주재 미국성서공회 총무인
루미스도 이수정을 비롯한 한국인 유학생의 세례 소식과 선교
요청을 미국 교회에 알렸다. 그리고 이수정은 마침내 1883년
12월 13일에 직접 선교 요청 편지를 작성하여 미국 교회에 보
냈는데, 이 편지는 선교잡지인 「미셔너리 리뷰」(The Mission-
ary Review of the World) 1884년 3월호에 실렸다.

"우리의 조국에서 수많은 백성들이 아직 참 하나님의 길을
모르고 있으며, 이방인으로 살아가고 있습니다. 그들은 아직
주님의 은혜의 복음을 받아들이지 않았습니다. 이 복음전파
의 시대에 우리나라는 불행하게도 눈에 띄지 않는 지구촌의
한구석에 위치하고 있어서 그곳에서는 기독교의 축복을 누리
지 못하고 있습니다. 그러므로 나는 복음이 확장될 수 있도록

성경을 한글로 번역하고 있습니다. 이 일이 성공할 수 있도록 나는 밤낮으로 기도하고 있습니다. 마가복음이 거의 완성되었습니다. 다섯 명의 나의 동포들이 나와 같은 생각을 하고 있습니다. 그들은 이미 세례를 받았습니다. …비록 나는 별로 영향력이 없는 사람이지만 여러분이 선교사들을 파송만 해 준다면 최선을 다해 돕겠습니다."

미국 기독교인들은 이수정의 선교 요청 편지를 사도행전 16장에서 환상 중에 마케도니아인이 바울에게 나타나 선교 요청을 하는 것에 비유하여 "한국의 마케도니아인의 부름"이라고 하면서 환영하였다. 이렇게 이수정의 선교 요청 편지는 미국 감리교회와 장로교회가 한국 선교를 결정하는 데 중요한 역할을 했다. 결국 이수정이 소원한 대로 그의 편지가 전달된 지 1년 후 미국 감리교회와 장로교회 선교부는 한국 선교를 결정하게 되었다.

2) 성경번역과 출판활동

이수정이 일본에 도착하자마자 쓰다센을 찾아가 성경에 관한 내용을 질문한 것이나, 바구니 가득 성경을 담은 크고 작은 두 사람이 나타난 꿈을 꾼 후 성경 연구에 더욱 몰두한 것에서 알 수 있듯이, 그는 성경에 관심이 매우 많았고, 그 성경을 한국 사람들에게 소개하려는 열망도 강했다. 그러므로 루미스가 이수정에게 성경번역을 제의하자 그는 기쁜 마음으로 수락하였다.

이수정이 성경번역을 시작한 것은 세례를 받은 다음 달인 1883년 5월부터였다. 그가 첫 번째로 선택한 성경 번역 방법은 한문성경에 한글로 토를 다는 방법으로 이것을 '현토성경懸吐聖經'이라고 불렀다. 그가 사용한 번역저본은 『신약전서문리新約全書文理』라는 한문성경이었는데, 이 성경은 브릿지맨과 쿨버트슨이 공역하여 1864년 상해에서 발행한 것이다. 이수정이 현토성경부터 시작한 것은 한문에 한글 토를 달아 읽는 방법이 한국의 지식층에게 익숙한 방법이었고, 당시 도쿄에 와 있던 유학생들을 대상으로 전도할 때 현토성경을 사용하면 유용할 것이라 생각했기 때문이다. 또 현토성경을 통하여 번역 경험을 먼저 축적한 후에 한글성경을 번역하려는 의도도 가지고 있었다.

현토성경은 두 달 만에 완료되었는데, 마태복음에서 사도행전까지는 6월 초에 완성하였고, 로마서부터 계시록까지는 6월 21일경에 완성하였다. 이 성경의 출판은 11월부터 시작되어

1884년 8월까지 『신약성서마태전』, 『신약성서마가전』, 『신약성서로가전』, 『신약성서약한전』, 『신약성서사도행전』이 차례로 출판되었다. 이후 현토성경이 모두 출판된 것은 1887년이다.

이수정이 두 번째로 선택한 성경번역 방법은 국한문 혼용체를 사용하는 방법이었는데, 이것은 이수정이 전도대상을 지식인층으로 생각하였기 때문이다. 만주에서 번역된 예수성교본과 비교하면 용어와 고유명사가 헬라어나 히브리어 원어에 가깝게 표기되었고, 한문투의 단어나 문장이 많은 것이 특징이다.

국한문혼용 한글성경 번역은 현토성경번역이 끝난 1883년 6월 말부터 시작되었는데, 먼저 마가복음 번역 작업이 시작되었다. 번역은 빠르게 진행되어 7월 11일에 4장까지 번역하였으나, 이후 여름 동안 이수정이 동경외국어학교 한국어 교사직을 맡으면서 번역은 잠시 중단되었다. 그 후 10월 초에 번역이 재개되어 이듬해인 1884년 2월에는 초역이 완료되었고, 4월 10일경에 완역되었다. 이수정이 마가복음을 번역하면서 참고한 것은 일본어 『마가전』과 만주에서 간행된 『예수성교 누가복음젼셔』, 『예수성교 요안내복음젼셔』, 『예수성교 뎨자행젹』 등이었다. 이렇게 번역된 『신약마가젼 복음셔 언해』는 미국성서공회를 통해 1885년 2월 요코하마에서 6천 부가 출판되었으며, 1885년 4월 5일 언더우드와 아펜젤러가 제물포에 내릴 때 가지고 온 한글

성경이 바로 『신약마가젼 복음셔 언해』이다.

이수정은 계속해서 번역 계획을 세우고 1884년 말부터 마태복음과 누가복음도 번역했지만 이것은 출판되지 못하였다. 이 번역원고는 나중에 루미스에 의해 언더우드에게 전달되었고, 1887년 선교사들이 설립한 성경번역위원회가 성경을 번역할 때 활용되었다.

한편 이수정은 소책자를 번역하기도 했는데, 매클레이의 요청으로 감리교 요리문답서를 번역하였고, 당시 널리 읽히던 『천도소원天道遡原』과 탕자비유의 내용을 담고 있는 『랑자회개浪子悔改』도 번역하였으나 원고 형태로만 아펜젤러 등에게 전달되었다.

▲ 현토성경 신약성서 마태전

이렇게 한국의 마케도니아인으로 불리며 일본에서 선교활동을 하던 이수정은 1886년 5월경에 한국으로 돌아왔는데, 귀국 후 그의 행적은 분명하지 않다. 보수파 정치인들에 의해 살해당했거나, 병으로 인해 곧바로 세상을 떠났다는 이야기들이 전해질 뿐이다.

제2장

평신도,
자립적 한국 기독교의
틀을 만들다

1 선교사와 한국 기독교

1) 한국인의 눈에 비친 미국과 기독교

조선은 1866년 8월에 일어난 제너럴 셔먼호 사건의 책임이 미국에 있다고 보았고, 1871년 당시 조선 원정을 단행한 신미양요가 일어났을 때 미국은 물리쳐야 할 서양 오랑캐일 뿐이었다. 당시 흥선대원군은 미국 함대가 철수하자마자 서양오랑캐와의 화친 주장은 나라를 팔아먹는 행위라는 척화비斥和碑를 세워서 쇄국정책을 강화했다. 그러나 이후 10년 만에 미국을 바라보는 한국의 시선은 많이 달라져 있었다.

† 조선책략과 미국에 대한 기대감 †

서양오랑캐였던 미국을 다르게 바라보도록 권유한 것은 한편의 글이었다. 1876년 강화도 조약이 체결된 후 1880년 6월에 김홍집이 58명의 수행원과 함께 일본에 수신사로 가게 되었다. 그때 그는 일본주재 청국공사관의 참찬관인 황준헌을 만나게 되었다. 이 만남에서 황준헌은 남진南進하고 있던 러시아를 경계하면서 조선에게 필요한 외교방법론을 제시했는데, 그 방법을 담아낸 글이 『조선책략朝鮮策略』이다.

황준헌은 이 글에서 조선에게 위협이 될 러시아의 남하를 막는 방법으로 중국과 친하고親中國, 일본과 교분을 맺으며結日本, 미국과 이어져야聯美國 한다고 주장했다. 그러면서 미국은 천하에 으뜸가는 부국이면서 다른 나라의 토지와 인민을 탐내지 않으며 항상 약소한 나라를 도와주고 공의를 유지한다고 했다. 또 유럽 사람이 함부로 악을 행사하지 못하게 하는 나라이므로 미국을 우방으로 끌어들이면 도움을 얻을 수 있다고 하면서 미국과 수교할 것을 권했다. 또한 미국의 종교인 야소교耶蘇敎는 천주교와는 달리 일체 국가의 내정에 간섭하지 않으며 그 종교의 본질은 사람을 권해 착해지도록 하는 데 그 교인 중에는 순박하고 선량한 자가 많다고 하면서 미국의 종교를 두려워할 필요가 없음을 역설하였다.

황준헌의 『조선책략』은 개화를 반대하는 위정척사파를 자극하여 안동의 이만손과 영주의 김석규를 중심으로 한 영남 지역 유림들이 영남만인소嶺南萬人疏를 올리는 빌미를 제공했지만 한편으로는 고종을 비롯한 많은 관리들에게 미국에 대한 기대감을 갖게 만드는 역할을 했다.

결국 조선이 1882년 5월에 청의 중재로 서양 각국 중 미국과 가장 먼저 외교조약을 체결한 것에서도 미국에 대한 기대감이 높아져 가고 있음을 알 수 있다. 조미수호통상조약 체결 후에 미국은 1883년 5월에 푸트(L. H. Foote)를 초대 주한 미국 공사로 파견했고 한국에서도 1883년 7월에 보빙사報聘使라 부르는 사절단을 미국에 파견했다. 민영익을 전권대신으로 하여 홍영식, 고영철, 변수, 서광범, 유길준, 최경석, 현흥택 등으로 구성된 사절단은 1883년 7월 16일 제물포를 출발하여 일본을 거쳐 9월 2일에 샌프란시스코에 도착했고 다시 기차를 타고 9월 13일에 워싱턴으로 갔다가 18일에 뉴욕에서 미국 대통령을 만났다.

당시 전권대신인 민영익과 부대신인 홍영식은 각각 보수파와 개화파의 입장에서 미국을 바라보았다. 민영익은 "나는 암흑세계에 태어나서 광명세계로 들어갔다가 이제 또다시 암흑세계로 되돌아왔다"고 하면서도 친청적親淸的인 입장을 취하였지만 홍영식은 귀국 후 고종을 만난 자리에서 미국의 선진문물을 본받아 제도 개혁을 단행할 것을 역설하고 고종의 허락을 받아 한국 최초의 미국식 우편제도를 도입하여 우정국을 설

▲ 1883년 보빙사 일행

립하였다. 이렇게 개화 초기부터 고종을 비롯한 개화 관료들이 가진 미국에 대한 인식은 상당히 긍정적이었다.

† 미국에 대한 환상을 갖다 †

고종을 비롯한 상당수의 관료들이 미국에 대해서 환상에 가까운 긍정적 이미지를 가지고 있었다는 것은 고종이 초대 미국공사인 푸트로부터 신임장을 제정받은 지 얼마 후 그를 개인적으로 초대한 일에서도 알 수 있다. 고종은 푸트를 초대한 자리에서 자신의 곁에 앉도록 권했는데, 국왕을 배알하기 위해서는 조정 대신이라도 들어가서 엎드려 있어야 한다는 점을 생각하면 자신의 옆에 앉도록 한 것은 파격적인 대우였다. 또한 고종은 개인면담 자리에서 "나는 미국의 공평무사한 정책을 충분히 이해하고 있다. 그리고 나는 특별히 미국 정부의 충고와 협조에 언제나 의지하기를 바란다"는 소망을 피력하기도 했다. 이렇게 조선은 대표적인 문명국, 세계적인 강대국, 공평무사하고 약소국을 보호해 주는 나라라는 긍정적 이미지로 미국을 그리고 있었다.

미국이 다른 서구 열강과 비교해서 이렇게 긍정적으로 비친 데는 한국에 부임한 미국공사들의 노력에 기인한 것도 있다. 초대 공사인 푸트는 고종에게 미국은 한국인들이 행복하고 평안하게 사는 데 도움을 주기 위해서 조미수호통상조약을 맺었다고 강조했다. 통리교섭통상사무 독판을 만난 자리에서도 미국은 상업적인 이익에 대해서는 전혀 고려하지 않은 채 오직 한국에 조금이라도 도움을 주고자 하는 고상한 동기에서 조약을 맺었다고 주장했다. 5대 공사로 부임한 실(John M. B. Sill)은 한국에 대한 미국의 깊고 우호적인 관심은 백악관뿐만 아니라 온 나라 전체에 퍼져 있다고 고종에게 장담하기도 했다. 미국 공사들의 이런 말들은 외교적인 수사로 포장된 것이지만 이런 말을 듣는 고종이나 대신들은 이를 진정성 있게 받아들였다.

미국에 대한 긍정적인 이미지가 점점 더 확대되는 데 일조한 사람들은 미국을 다녀온 관리들도 포함된다. 1887년 11월에 주미전권공사로 미국에 갔던 박정양이 대표적인 사람이다. 그는 귀국 후 고종을 만난 자리에서 미국에 대한 긍정적인 시각을 그대로 드러낸다.

> "상ㅗ이 '(미국에) 주재하였을 때 그 나라 사람들이 과연 우대하던가?'라고 이르니, 박정양이 '만국의 교섭하는 관례는 접대할 때 대소 강약으로 차이를 두지 않고, 전적으로 화평하고 고르게 우대하는 것을 예로 삼습니다. 미국의 인심과 풍속이 매우 순박하여 우리나라 사람을 대하는 데도 역시 매우 우대해 주었습니다'라고 아뢰었다. …상이 '그 나라가 매우 부강하다는데 과연 그러한가?'라고 이르니, 박정양이 '그 나라의 부강은 비단 금은의 넉넉함이나 무기의 정예로움뿐만이 아니라, 오로지 내수를 참되고 실속 있도록 힘쓰는 데 있습니다. …미국은 나라가 세워진 지 100여 년도 되지 않아 토지가 아직 대부분 개간되지 않았으므로 전적으로 백성들을 모집하는 데 힘쓰고 있고, 또한 교육 한 가지를 나라의 큰일로 여기므로 인심이 저절로 순박하고 진실해진 것입니다'라고 아뢰었다."
>
> [승정원일기 (1889년 7월 24일)]

박정양의 이와 같은 긍정적 인식은 그의 미국 여행기인 『미속습유美俗拾遺』에서도 잘 드러난다.

　미국에 대한 긍정적 이미지는 자연스럽게 미국의 종교인 기독교에 대해서도 그대로 반영되었다. 고종을 비롯한 많은 관리들은 서양의 기술은 받아들이되 서양의 도는 받아들이지 않는다는 입장이었음에도 미국의 부강함이 그들의 종교에 기인한다는 생각에 이르렀을 때에는 나라를 부강하게 만드는 방편으로서의 기독교를 긍정적으로 평가하기에 이르렀다. 이런 태도는 개화파인 김옥균의 행동에서도 발견할 수 있다. 1882년 9월 일본에 간 김옥균은 유학생 4명에게 영어를 가르쳐 주기로 한 일 때문에 선교사 매클레이의 부인을 만나고 이것을 계기로 매클레이를 비롯하여 일본에 와 있던 미국 선교사들과 교류하게 된다. 그러면서 결국 재일 미국 선교사들이 한국에 학교와 병원을 세우는 것이 가능해지도록 고종과 선교사들 사이에서 노력하기도 했다. 그래서 1884년 6월에는 매클레이가 한국을 방문하여 교육과 의료사업에 대한 허가를 받기도 했다.

　이렇게 미국에 대한 긍정적인 이미지가 미국의 종교인 기독교에 대한 긍정적인 이미지로 확대되기 시작했을 때 미국의 장로교회와 감리교회 선교부는 한국 선교를 결정하였고 미국 선교사들이 한국에 오게 되었다. 그런 면에서 한국에 온 선교

사들은 한국인들이 미국에 대해
서 어떻게 생각하고 있는지를 알
고 있었으며 이에 따라 선교사들
또한 한국인들에게 기독교 복음
을 전하는 일과 함께 문명국이며
세계적인 강대국, 공평무사하고
약소국을 보호해 주는 정의로운
미국의 이미지를 함께 전달하기
도 했다.

▲ 초대 주미전권공사 박정양

2) 기독교 신앙과 미국을 함께 전하기

1884년 9월 20일 선교사 알렌이 미국 공사관의 공의公醫 자
격으로 입국하고, 1885년 4월 5일 미국 북장로회 선교사 언더
우드와 미국 감리회 선교사 아펜젤러가 입국한 이래 한국에
온 선교사들은 미국의 남북 장로회와 감리회 소속 선교사들
이 다수를 형성했다. 1884년부터 1910년경까지 한국에 온 전
체 선교사 중에 미국 장로교회와 감리교회 선교사가 77.6%를
차지할 정도였다. 여기에 호주 장로회 선교사와 캐나다 장로회

선교사를 더하면 한국에 들어온 선교사 대부분이 장로교회와 감리교회 선교사라고 해도 과장된 표현은 아니다.

만주에서 로스와 의주 상인들에 의해서 성경이 번역되고, 의주 상인들의 선교활동을 통하여 만주와 의주, 소래 지역에 자립적인 신앙공동체가 형성되어 가던 시기에 본격적으로 한국에 오게 된 미국 출신의 선교사들은 어떤 신앙을 가지고 있었을까?

† 미국 대각성 운동과 선교사 †

미국에서는 18세기 말 제2차 대각성운동(The Second Great Awakening)이라고 불리는 전도 및 부흥운동이 일어났다. 이 부흥운동은 대략 1790년대부터 1840년대까지 이어졌는데, 크게 두 시기로 나눌 수 있다.

첫 번째 시기는 제임스 맥그레디(James McGready)의 주도로 시작하여 그의 영향을 받은 바튼 스톤(Barton Stone)이 주도한 시기다. 맥그레디는 감동적인 설교로 유명하였으며, 1796년 이후 켄터키 주에서 부흥운동을 광범하게 펼쳤다. 맥그레디에 의해 첫 번째로 신앙부흥이 일어난 것은 1800년 6월에 5명의 목사들과 협력하여 자신이 목회하는 교회의 교인들을 상대로 레드 리버 천막 집회(Camp meeting)를 인도할 때였다.

맥그레디의 영향을 받은 바튼 스톤의 활동을 통해서도 부흥운동이 일어났는데, 그는 로간 지방에 가서 맥그레디의 사역을 보고 온 후 1801년 8월 첫 주에 케인릿지 교회에서 성찬식 집회를 갖는다고 발표했다. 놀랍게도 2만여 명의 군중들이 이 집회에 몰려왔다. 수많은 사람들이 140대의 마차를 타고 천막을 휴대하고 오면서 미국 최초의 대형 천막 집회가 되기도 했다.

제2차 대각성운동의 두 번째 이 시기는 찰스 피니(Charles Finney)가 등장하면서 부터이다. 그의 등장으로 대각성운동은 절정을 이뤄 20여 년 동안 지속되었다. 피니를 통한 부흥운동은 자신의 극적인 회심경험(conversion experience)으로부터 시작된다. 피니는 법률가로 사회생활을 시작했지만 1821년 10월에 자신이 근무하는 사무실에서 극적인 회심 경험을 한 후 1824년 장로교회 목사로 안수를 받고 복음전도자로 활동하면서 부흥운동의 지도자가 되었다. 피니는 다른 목사들과는 달리 자유로운 형태의 설교를 했으며, 개인의 이름을 불러가면서 기도해주었다. 또한 그는 이전의 부흥회에서는 사용하지 않는 특이한 방법을 도입했는데, 고뇌의 자리 혹은 애통의 자리라고 부르는 좌석을 만든 것이었다. 설교단 바로 앞부분에 좌석 몇 개를 비워두고 부흥회 중에 애통하는 마음으로 극적인 체험을 소원하는 사람이 나와서 앉을 수 있게 했다.

피니가 새로 도입한 것 중에는 일주일 기간의 부흥회를 마친 후 원하는 사람이 있으면 그들을 데리고 기도회를 몇 주간 연장해서 진행한 것도 있었다. 피니는 자신의 부흥회를 인도할 뿐만 아니라 부흥운동을 미국 전역에 확산하는데 큰 공헌을 했다. 또 1835년에 오하이오주의 오벌린(Oberlin) 대학의 교수가 되어 부흥회를 인도하는 방법도 가르쳤는데, 이 방법을 『종교의 부흥에 대한 강의(Lectures on Revivals of Religion)』라는 책으로 출판하기도 했다. 피니는 "세상은 천년왕국이 완전히 도래하기 전까지 아마 그 상태일 것이다. 부흥의 방법들이 신앙을 불러일으킬 수 있다"고 주장했다.

따라서 대각성운동에 참여한 사람들은 이 세상에 부흥을 일으키기 위해서 할 수 있는 모든 것을 해야만 했다. 당연히 미국뿐만 아니라 세계에 복음을 전하는 것을 목표로 세계선교를 위해 많은 노력을 기울였다. 미국에서는 1806년에 '건초더미 기도회'라는 모임이 시작되어 형제회로 알려진 미국 최초의 세계선교기관이 생겨났고, 1810년에는 미국 최초의 선교사 파송 기관인 미국해외선교위원회가 구성되는 등 이후로 여러 교단에서 선교회를 조직하고 기독교대학과 신학교를 설립하였다.

남북전쟁이 끝난 후에는 부흥사 무디(Dwight. L. Moody)가 주
도하는 부흥운동이 일어났는데, 그는 여러 도시에서 개최된 성경
콘퍼런스를 지원했다. 그는 성경 콘퍼런스에서 전천년주의 종말론
과 경건생활, 선교사역 등을 강조했다. 그의 핵심적인 설교 주제는
언제나 인간의 타락과 그리스도의 십자가를 통한 구속, 성령에 의
한 중생이 반복되었다. 그는 찰스 피니가 세운 부흥운동의 방법을
계승하여 미국과 캐나다, 영국과 스코틀랜드까지 부흥운동을 확
장시켰다. 그는 1886년 시카고에 무디성서학원(Moody Bible In-
stitute)을 설립하였는데 이 학원은 19세기 말에서 20세기 초 선교
사의 산실이 되었다. 또한 같은

해에 매사추세츠의 마운트 헐
몬에서 개최된 여름 성경 콘퍼
런스에서 존 모트(John R.
Mott)를 비롯한 99명의 대학생
들이 선교를 위해 평생 헌신할
것을 서약했다. 이 서약을 통하
여 1888년 학생자원운동(Stu-
dent Volunteer Movement,
SVM)이 시작되었다. 이 운동의
목표는 "이 세대가 지나가기 전

▲ 제2차 미국 대각성운동의 주역 찰스 피니

세계 복음화"였다. 학생자원운동을 통해 헌신한 학생들이 2만여 명이 넘을 만큼 이 운동은 폭발적인 호응을 얻었으며 1884년부터 한국에 온 대부분의 미국 선교사들은 학생자원운동을 통하여 해외선교를 결심한 사람들이었다.

† 선교사와 복음적 신앙 †

그런데 찰스 피니를 중심으로 한 제2차 대각성운동이나 무디의 부흥운동에 대해서 신앙적으로는 복음적(evangelical) 신앙이라고 불렀다. 즉 18세기와 19세기를 거치면서 특히 미국에서는 복음적 신앙이라는 말이 부흥운동을 지칭하거나 그것과 관련된 기독교 신앙을 말할 때 사용되었다. 그러므로 무디의 성경콘퍼런스와 학생자원운동의 영향으로 한국에 온 미국 선교사들도 자신의 신앙에 대해서 복음적 신앙, 또는 복음주의(evangelicalism)라는 단어를 즐겨 사용했다. 선교사들이 공통으로 표방했던 복음적 신앙은 몇 가지 특징을 가지고 있었다.

첫째는, 회심주의(conversionism)이다. 이것은 급격하고도 격렬한 회심의 경험을 강조하는 것이었다. 이 회심 경험에는 당연히 개인적인 확신이 동반되어야 함을 강조했다. 그런데 회심을 강조하다 보니 기본적으로 회심은 성령의 역사라고 간주되었지만 회심 경험을 위해 적당한 수단을 동원하기도 했다. 그중 하나가 찬양을 동반한 기도회였다.

둘째는, 활동주의(activism)이다. 회심을 경험한 기독교인이 타인의 회심을 위하여 열정적으로 활동하는 것을 가리킨다. 결과적으로 평신도이건 목회자이건 수많은 사람이 복음을 전하기 위해 선교지로 진출했다. 19세기를 선교의 시대라고 부르게 된 원인도 이런 활동주의에 기인한다. 대학을 졸업한 20대 중반의 청년들이 한국 선교사로 자원한 것도 이 활동주의의 영향이다. 그러므로 한국에 온 선교사들은 서울과 부산, 인천, 원산, 목포 등의 개항장과 그 주변 40Km 바깥을 나갈 수 없었지만 호조護照라는 여행허가서를 발부받아 지방 곳곳을 돌아다니면서 한국인을 대상으로 직접적인 순회전도를 했다.

셋째는, 성서주의(Biblicism)이다. 즉 성경에 진리의 모든 것이 나타나 있으므로 회심을 경험한 사람들은 성경의 내용을 열심히 배우고 그대로 실천해야 한다고 생각했다. 미국에서 대각성운동 기간 동안 많은 성경학원이나 성경공부반이 생겨난 것도 성서주의로 말미암은 것이다. 성경학원이나 성경공부반은 신학교와는 달리 비학문적이고 실천적인 성경공부를 주로 하는 비정규 교육기관이었다. 한국에 온 선교사들이 수많은 성경공부반을 운영한 것도 성서주의의 특징이다.

넷째는, 십자가주의(crucicentrism)이다. 예수가 그리스도로서 십자가 위에서 범죄 한 인류를 위해 죽었다는 것이다. 십자가 외의 다른 것을 신앙적 지렛대로 삼는 것은 복음적 신앙에서 후퇴하는 것으로 간주되었다.

선교사들은 이와 같은 특징을 지닌 복음적 신앙을 자연스럽게 선교지인 한국에 전파하여 한국인들이 이런 복음적 신앙을 가지고 생활하기를 원하고 있었다.

† 선교사와 미국 중산층 문화 †

앞에서 말한 것처럼 선교사들은 문명국이며 강대국인 미국, 약소국을 보호해 주는 국가로서의 미국이라는 이미지를 전파하는 역할도 담당했다. 좀 더 구체적으로는 복음적인 기독교 신앙과 함께 주류 백인 중산층의 문화를 전달하였다고 할 수 있다. 한국에 온 미국 선교사들 대부분은 중산층 출신에 대학을 나온 청년들이었다. 그들은 당시 평균적인 미국 중산층 청년들과 다른 것이 별로 없었다. 19세기 말 당시 미국 주류 교단인 장로교회와 감리교회가 선교사에게 요구했던 학력과 경력은 하층계급을 배제할 수밖에 없었고, 선교지에서 육체적인 어려움을 견딜 수 있는 체력과 선교지 언어를 배울 수 있는 능력 등을 고려하면, 결국 선교사로 선발되는 지원자들은 25~30세 사이의 중산층 청년들이었다.

이렇게 중산층 출신의 청년 선교사들은 선교지인 한국에서 몇 가지 이유 때문에 미국 혹은 미국의 문화를 전하는 사람이 되었다.

첫 번째 이유는 안전과 위생건강을 유지하면서 자신들에게 익숙한 중산층적인 삶을 이어가기 위해서 한국인들과 분리된 거주구역을 만들다보니 미국의 문화를 드러낼 수밖에 없었다. 선교사들은 처음에는 한옥을 개조해서 거주했지만 점차 지역 전체가 내려다보이는 적당한 위치에 유럽풍이나 미국풍의 주택을 지었다. 그들의 집은 수입품 자재로 지어졌고 집안에는 발전기, 석유 난로, 재봉틀, 오르간, 미국이나 유럽에서 만든 가구, 카펫, 커튼, 침대, 식기 등 각종 문명의 이기들로 채웠다. 그들이 식탁에 올리는 대부분 음식재료는 거의 수입품이었다.

선교사들은 중산층 생활의 요소 중 하나인 여가생활과 사교 활동도 게을리하지 않았다. 테니스장을 주택단지 안에 만들어서 즐기는 한편 등산, 낚시, 사냥, 여행 등도 즐겼다. 선교사들은 이런 중산층적인 생활을 통하여 한국 사람들에게 미국을 보여주는 역할을 했다.

선교사들이 미국을 전하는 사람이 된 두 번째 이유는 자신들의 중산층 생활을 통하여 문명 세계를 보여주고자 하는 목적이 있었기 때문이다. 선교사의 집은 기독교를 통하여 문명화된 미국이라는 국가가 비기독교적이고 원시적인 한국에 비해 얼마나 대단한가를 복잡한 설명 없이 그대로 보여줄 수 있는 전시관의 역할을 할 수 있었다. 나아가 전시관의 역할은 선교의 효과를 얻을 수 있다고 생각했다. 한국인들이 선교사의 초대를 받아 선교사의 집을 구경한 후에 "이렇게 깨끗하고 좋은 집에 사니 천당인들 이보다 더 낫겠느냐"면서 감탄한 사례에서 이런 의도를 짐작할 수 있다. 선교사들의 의도는 길모어의 글에서도 잘 드러난다.

"한국인들은 집으로 돌아가서 이 세상에서 인간의 삶을 지탱시켜 주고 그것을 더욱 즐길만한 것으로 만들어 주는 종교에 관하여 심각하게 생각한다. 그들은 우리의 행복한 얼굴과 삶을 즐기는 모습을 기억하면서 이유가 무엇인지 궁금해한다. 그들은 서양과학이 이룩한 업적에 대해서 관심을 갖는다. …이 모든 것이 우리 종교의 결과라는 것을 알게 되는 순간, 기독교의 실제적인 가치는 그들에게 강한 호소력을 발휘한다."

[길모어의「Korea From Its Capital, with a Chapter on missios」(1892년)]

▲ 언더우드의 남대문 사택(형인 J. T. 언더우드가 보내준 돈으로 1900년대 초에 건축)

실제로 선교사들은 자신들의 집을 매개체 삼아 문명 세계를 보여주고 그것을 선교의 기회로 활용하고자 했으며 그런 방법을 '구경미션'(Gukyung mission)이라 부르기도 했다. 이렇게 부정적이든 긍정적이든 선교사들은 복음적인 신앙과 문명화된 미국을 동시에 전하는 사람들이기도 했다.

2 자립적 한국 기독교를 위한 노력

1) 선교사들이 만들고자 했던 한국 교회

대각성운동의 영향으로 선교에 대한 열정과 복음적인 신앙을 가지고 한국에 온 선교사들은 어떤 선교방법들을 선택했으며 어떤 선교정책들을 만들고 결국 한국 교회가 어떤 모습이 되길 원했을까?

선교적 열정과 복음적 신앙을 가진 20대 중반의 청년 선교사들이 한국에 오자마자 가장 실천하고 싶어 했던 선교방법은 순회전도였다. 그러나 당시 한국은 일본과 서양 여러 나라와 외교 관계를 맺으며 은둔과 쇄국에서 벗어나고 있었지만 여전히 포교의 자유가 없는 국가였다. 물론 더 이상 천주교에 대한 박해도 없었으며 미국이 천주교와는 다른 기독교 국가라는 사실도 알고 있었고 선교사들이 믿는 기독교에 대한 공식적인 제제도 없었지만 그렇다고 한국정부로부터 공식적인 포교허락을 받은 상태도 아니었다. 정확하게 말하면 공식적으로는 천주교를 박해할 때 발표되었던 척사윤음斥邪綸音의 효력이 그대로 유지되고 있는 상황이었다. 그러므로 선교사들은 한국에 입국할 때 선교사라는 신분과 선교활동을 목적으로 입국한다는 것을 공식적으로 밝힐 수는 없었다.

† 병원을 통한 선교 †

이런 한국의 내부적 상황이 있었기 때문에 1884년 10월에 알렌은 미국 공사관의 공의 자격으로 입국해야 했으며 가장 먼저 선택한 선교방법도 의료선교였다. 알렌이 한국에 온 지 2개월 만인 1884년 12월에 개화파에 의해 갑신정변이 일어나고 그때 명성황후의 조카인 민영익이 중상을 입었는데, 알렌의 치료로 목숨을 구할 수 있었다. 고종과 명성황후는 서양의술에 관심을 가지게 되었고 알렌을 신임하게 되었다. 거의 죽어가던 민영익을 살려낸 알렌은 신의神醫처럼 여겨졌고 그의 의술은 왕실과 관리들에게 서양의학의 효과를 알리는 데 부족함이 없었다.

"제가 몇 차례에 걸쳐 수술한 것이 이곳 사람들에게 좋은 인상을 주었습니다. 그들은 제가 동맥을 묶고 상처를 꿰매는 것을 보고 매우 놀랐습니다. 그들은 병원 계획에 관심을 갖고 수용이 되는 숫자만큼 병원에 와서 교육을 받고 싶어 합니다. 오늘 아침 민영익은 사람들이 저를 위대한 의사라고 생각하며, 제가 미국에서 왔다는 것을 믿지 않고 이번 일을 통해 하늘에서 내려온 사람으로 생각한다고 말했습니다."

[알렌이 엘렌우드에게 보낸 1885년 2월 4일 편지]

이렇게 해서 알렌은 갑신정변의 실패로 살해된 개화파 홍영식의 집을 하사받아 1885년 광혜원廣惠院이라는 최초의 서양식 병원을 개원하였다. 이 병원은 침대를 놓지 않고 온돌을 그대로 사용하면서 40여 명을 수용할 수 있는 규모였으며 2주후에 이름을 제중원濟衆院으로 고쳤다. 제중원은 의료기관일 뿐만 아니라 이후에 입국하는 선교사들의 선교 전초기지 역할을 했다. 1885년 4월에 온 언더우드는 교사 자격으로 제중원에 머물면서 한글을 배우고 선교준비를 했다. 스크랜턴도 1885년 6월까지 제중원에서 의사로 활동했고 1885년 6월에 한국에 온 헤론과 1886년에 입국한 여의사 엘러즈(A. J. Ellers)도 이곳에서 활동하였다. 제중원은 1887년에 구리개(동현銅峴- 현재의 서울 을지로 입구 지역)로 옮겼으며 알렌이 선교사직을 사임하고 미국 공사관으로 옮겨가자 헤론이 원장이

78 평신도 교회를 세우다

▲ 최초의 서양식 병원인 제중원

되었다. 1894년 9월에는 선교사 에비슨이 정부로부터 제중원의 운영권을 완전히 넘겨받아서 선교병원으로 전환했다.

　1885년 9월에는 스크랜턴이 정동에서 일반인들을 상대로 민간진료소를 시작해서 1886년 6월에는 정식으로 시병원施病院을 개원하였다. 스크랜턴이 시병원을 개원한 것은 이 병원을 통하여 일반 민중과 더 폭넓게 접촉하고 그들을 치료하면서 선교하려는 목적 때문이었다.

"우리가 상대해서 치료한 사람들은 모두 매우 가난한 사람들이었으며 종종 버림받은 사람들도 있었습니다. 특히 버림받은 사람들은 몸 상태가 도저히 일할 수 없는 상황이 되었을 경우에는 치료받는 동안에 생활비 전체를 우리가 부담했습니다."

[W. B. 스크랜턴의 1886년 보고서]

이처럼 일반 민중들을 치료하는 병원이 되고자 했기에 시병원은 1894년 정동에서 남대문 근처 빈민 지역인 상동으로 옮겨서 의료선교활동을 하게 되었다.

† 학교를 통한 선교 †

선교사들이 의료선교와 함께 선택한 선교방법은 교육선교였다. 언더우드와 아펜젤러는 선교사라고 말할 수 없었기에 그들의 공식직함은 교사였다. 아펜젤러는 1885년 11월에 고종으로부터 허락을 받아 1886년 6월부터 학교를 개교했다. 그는 고종으로부터 배재학당培材學堂이라는 이름을 하사받아 사용했다. 처음에는 2명의 학생으로 시작했지만 5개월 만에 32명으로 학생이 늘어나기도 했다. 언더우드도 1886년 5월에 고아원 형태로 학교를 시작했다. 이 학교는 언더우드학당, 예수교학당, 민로아학당, 구세학당 등으로 불리면서 유지되다가 1905

년 경신학당으로 발전했다.

1886년 5월에는 스크랜턴의 어머니인 메리 스크랜턴이 여성들을 위하여 여학교를 시작했다, 그러나 여성들을 위한 학교에는 찾아오는 사람이 없었다. 실제로 학교는 2월에 시작했지만 5월에 가서야 첫 학생을 받을 수 있었다. 정부 관리의 첩이었던 그 학생은 3개월 만에 그만두었고, 11월이 되어서 학생이 겨우 4명으로 늘어났다. 이런 어려움 중에 메리 스크랜턴의 어학교사로 도움을 주고 있던 외부外部 관리의 중재로 외부 독판 김윤식과 관리들이 여학교를 방문했다. 그때 지원을 요청하였고 김윤식이 협력을 약속한 것이 계기가 되어 왕실로부터 이화학당梨花學堂이라는 교명을 하사받았다.

> "학교 이름은 정말 훌륭합니다. 왕실에서 그 이름을 지어주었다는 점에서 더욱 특별한 의미가 있습니다. 한국인들은 여성들을 부를 때 '배꽃'이라는 표현을 씁니다. 그래서 우리 학교는 이화학당이 되었습니다. … 그들은 우리에게 더 적합하다고 생각한 이름을 지어 내려보냈고 그것은 현재 우리 학교 대문 위에 달려 있습니다."
>
> [W. B. 스크랜턴의 1887년 4월 21일 보고서]

이렇게 교명을 하사받은 일은 메리 스크랜턴이 시작한 여학교가 나라에서 인정하고 보호하는 기관이라는 인식을 하게 하면서 부모들이 안심하고 딸을 학교에 맡기게 되었다. 따라서 1887년 여름에는 학생 수가 11명으로 늘어났고, 45명을 수용할 수 있는 기숙사와 교무실이 완성된 1887년 말에는 학생 18명이 기숙사에서 생활하면서 교육을 받을 수 있었다.

▲ 이화학당 최초의 한옥교사

이처럼 직접순회전도가 어려운 상황에서 선교사들은 의료선교와 교육선교 방법을 먼저 시작하기는 했지만 이런 와중에서 용감하게 지방으로 순회전도 여행을 떠나기도 했다.

† 순회전도의 시작 †

아펜젤러는 1887년 4월 13일에 헌트(J. H. Hunt)와 함께 고양, 장단, 송도, 금천, 평산, 황주를 거쳐 평양까지 순회전도를 했다. 아펜젤러는 지방의 한국인들이 자신들에게 아직은 관심을 보이지 않는 것에 실망하기도 했지만 장차 선교의 문이 열리길 기대하는 마음을 포기하지 않고 이렇게 기록했다.

> "인간적인 관점에서 볼 때 이 사람들의 도덕 환경은 희망이 없어 보인다. 그러나 나는 하나님의 구원하시고 일으키시는 은혜를 믿는다. …그들은 지금 이 세상 환경에 몰두하고 있지만 지금 이 순간 그들의 눈이 영적 필요에 따라 열릴 수 있기를 바란다."
>
> [아펜젤러의 1887년 5월 1일 일기]

아펜젤러에 이어서 언더우드도 1887년 가을에 송도, 소래, 평양, 의주 지역으로 순회전도 여행을 떠났다. 그는 의약품과 서적을 가지고 가서 한국인들에게 나누어 주었고 이때 소래 교회의 교인들에게 세례를 주기도 했다. 언더우드는 첫 순회전도여행에서 소래교회 교인들을 만난 감동을 이렇게 회고하고 있다.

"내가 소래에 도착하자 전체 마을이 나에게 경의를 표하기에 바빴습니다. …거기에서 내가 기뻤던 것은 기꺼이 자신들을 기독교인이라고 불렀던 여섯 명의 사람들을 발견한 일이며, 묻는 사람들이 많았다는 사실입니다. 거기에서 나는 다시 작은 마을에 들어갔는데 그때 달려 나와서 두 손으로 나를 붙잡고 환영했던 사람은 현재는 목사로 시무하는 서경조 씨였습니다."

[호레이스 G. 언더우드의 '언더우드 회상기' 『기독교사상』 (1985년 4월)]

1888년 봄에는 언더우드와 아펜젤러가 함께 황해도와 평안도 지역 순회전도여행을 떠나기도 했다. 그런데 두 사람이 순회전도를 떠난 후 그 해 4월 28일에 통리교섭통상사무아문의 독판인 조병식이 미국, 러시아, 이탈리아 3국 공사에게 기독교 선교를 금하라는 공문을 보냈다. 이에 따라 언더우드와 아펜젤러는 급히 서울로 돌아올 수밖에 없었다. 이 선교금지령으로 인해 선교사들 내부에서 순회전도 방법을 두고 갈등이 일어나게 되었다.

알렌과 헤론은 정부를 자극하는 순회전도 방법은 아직 시기상조이며 무모한 것이라는 의견이었고, 언더우드와 아펜젤러는 정부로부터 제재를 받거나 위협을 느낀다고 해도 적극적인 순회전도 방법을 실행해야 한다는 입장이었다. 당시 상황으로 보면 언더우드와 아펜젤러의 입장은 무모한 것이 사실이었다.

1882년 체결된 조미수호통상조약에 근거하면 미국인은 서울을 포함하여 개항도시의 외국인 조차 지역에서 거주할 수 있었으며 개항도시 안에서도 건물과 땅을 살 수 없었고 임대만 할 수 있었다. 또한 미국인이 외국에서 들여온 물품을 개항도시 밖으로 운송하는 일도 금지되어 있었다. 그러므로 정부의 선교금지령에 따라 미국 공사는 선교사들이 운영하는 학교나 가정에서 예배를 행하는 것과 한국인들과 함께 기도를 하거나 노래를 부르는 것을 금지하도록 선교사들에게 요구했다. 하지만 언더우드와 아펜젤러는 지방 순회전도 여행을 몇 개월 만에 재개하였고 학교에서 학생들과 함께 찬송을 부르면서 기도회를 계속 하기도 했다.

아펜젤러는 1888년 8월에 존스(G. H. Jones)와 함께 원주, 원산, 부산을 방문하였다. 그 해 10월에는 스크랜턴과 함께 평양과 의주를 방문했는데, 놀랍게도 이때 의주에서 백홍준, 이성하 등에 의해 자립적으로 형성된 의주교회의 교인 6명을 만나기도 했다. 언더우드 또한 1889년 3월에 릴리어스 호튼과 신혼여행을 평양과 강계로 떠났으며 이때 의주까지 순회전도 여행을 하던 중 압록강에서 의주교회 교인들 33명에게 세례를 주었다.

언더우드와 아펜젤러는 지방 순회전도를 다녀 온 경험과 특히 소래와 의주에서 기독교인들을 만난 경험을 통해서 순회전도야말로 자신들이 집중해야 할 선교방법이라고 확신하게 되었다. 이렇게 1888년 선교금지령으로 인해 잠시 긴장상태에 처하긴 했지만 이후 한국정부는 별다른 추가조치를 취하지

▲ 순회전도 중인 선교사

않았고 내부적으로 선교사들도 결국 언더우드와 아펜젤러가 주장하는 선교방법에 동조하면서 선교사들은 본격적으로 한 국정부로부터 지방 여행허가서인 호조護照를 발부받아서 지방 으로 순회전도를 떠났다. 이렇게 해서 실제로 1890년대부터 순회전도 방법은 선교사들이 한국의 전 지역을 대상으로 선교 를 확장해 갈 때 항상 첫머리에 놓는 선교 방법이 되었다.

† 네비어스 선교정책 †

 선교사들의 직접적인 순회전도방법이 본격화되면서 선교사들은 한국에서 선교할 때 자신들이 공통으로 기준을 삼을 만한 선교정책의 필요성을 인식하기 시작했다. 이런 상황에서 1890년 6월에 중국 산둥 성 지푸에서 활동하던 선교사 네비어스(J. L. Nevius)가 서울을 방문했다. 이때 그는 30년 넘게 중국에서 사역한 경험에 근거하여 한국에 있는 젊은 선교사들에게 필요한 선교원리를 제시했다.

 네비어스는 자립적이고 진취적인 현지교회의 설립이라는 목적 아래 현지 전도인들에게 드는 경제적 지출을 선교부에서 감당하는 방법 대신 그들 스스로 비용을 부담하면서 처음부터 자립의 원칙을 세워 빠른 기간 안에 독립과 자립을 이룰 수 있도록 해야 한다는 원리를 제시했다. 보통 자력전도(Self-Propagation), 자력운영(Self-Support), 자주치리

▲ 선교정책을 제시한 네비어스

(Self-Goverment)로 알려진 네비어스 선교원리는 1891년에 북장로회 선교회에서 한국 선교의 기본원칙으로 채택한 후 다른 선교회들도 이 원칙을 수용하면서 한국 기독교의 공식적인 선교정책으로 인식되었다.

그러면 네비어스 선교정책을 채택하면서 선교사들이 원했던 한국 교회의 모습은 어떤 것이었을까? 3대 원리와 목적에 근거하면 자립적이고 진취적인 토착교회가 되는 것이 그들이 원한 한국 교회의 모습이었을 것이다. 실제로 선교사역이 확대되면서 모든 신자들은 다른 사람들을 가르치는 자가 되고 동시에 자기보다 나은 다른 사람으로부터 배우는 자가 되는 자력전도나, 모든 신앙공동체가 영수와 유급조사의 관할을 받는 자주치리와 각 신앙공동체는 창립되면서부터 순회조사의 봉급을 지불하고 신자들 스스로 교회당을 마련하는 자력운영이 실시된 것이 사실이다. 그런데 이 모든 것이 실행되도록 선교정책을 집행하는 선교사의 태도를 포함한 선교사와 한국인 교인들 사이의 관계설정이 어떻게 되어 있느냐가 핵심적인 문제였다. 이것에 따라서 선교사가 원하는 한국 교회와 한국 교인들이 원하는 한국 교회의 모습 사이에 커다란 괴리감이 존재하게 되었다.

2) 한국인들이 원했던 한국 교회

"마 목사! 당신도 속히 이 나라를 떠나지 않으면 금후에는 유해무익한 존재가 됩니다."

이 말은 1925년 12월 28~29일에 열린 조선기독교봉역자의회朝鮮基督教奉役者議會에서 한국인 대표 31명과 선교사 대표 31명이 모였을 때 한석진 목사가 선교사 마펫을 향하여 일갈한 말이다. 조선기독교봉역자의회는 당시 점점 높아져 가던 선교사들과 한국 기독교인들 사이의 갈등을 해소해 보고자 모였던 회의였다. 이 회의에서 한석진은 마펫, 게일, 무어, 베커, 블레어, 에비슨 등 한국에서 30년 이상을 활동한 원로 선교사들에게 "선교사들이 한 곳에 오랫동안 체류하면서 자기가 세운 교회, 자기가 세운 학교라고 생각하면서 우월감으로 영도권을 행사하려고 하니 이것은 참된 복음 정신에 위배하며 교회발전에 방해가 될 뿐이고 전혀 도움이 되지 않는다"고 비판하였다. 한석진의 이런 비판에 분노한 마펫이 항의하자 한석진은 더 나아가 그에게 이제 그만 한국을 떠나 미국으로 돌아가라고 한 것이다.

† 더욱 한국적이고 더욱 자립적인 교회 †

선교사를 향한 한석진의 비판은 당시 한국 기독교가 직면하고 있던 문제를 잘 보여준다. 그것은 미국 선교사들이 한국에 온 지 40여 년이 되는 동안 누적되어 온 선교사와 한국인 교인 사이의 관계설정에 대한 문제이자 선교사들이 원했던 한국 교회의 모습과 한국인이 원했던 한국 교회의 모습이 초기부터 괴리감이 있었다는 것을 보여주는 문제이기도 했다.

사실 한석진과 마펫은 30년 이상 함께 사역한 동역자였다. 한석진은 의주 출신으로 의주에 자립적인 신앙공동체가 형성될 때 서상륜의 전도로 기독교에 입교했다. 그 후 마펫을 만나 1891년 세례를 받은 후 1893년부터 마펫과 함께 평양을 중심으로 선교활동을 시작한 이래 30년 넘게 초기 한국 기독교의 지도자로 동고동락한 사이였다. 1925년 조선기독교봉역자의회에 참석했던 상당수의 한국인 지도자와 선교사들은 이렇게 수십 년간 동역관계를 유지해 온 사람들이었다. 그럼에도 불구하고 한국인 지도자들이 비판한 선교사들의 가장 큰 문제는 바로 한국의 교회를 자기가 세운 교회라고 생각하고 우월의식을 가지고 한국의 기독교인들을 지배하려는 의식이었다. 그래서 "이는 다른 것이 아니라 선교사 제군이 조선교회를 동인시同人視하며 형제시兄弟視 않고 야만시하며 노예시함이다. 선교사 제군이여 성신으로 시작하여 육체로 결국하려느냐, 속히 회개할지어다"라는 경고가 한국 기독교인들에게서 나오기에 이르렀다. 즉 한국에 있는 선교사들은 '더욱 한국적'이어야 하고, 한국 기독교는 '더욱 자립적'이어야 한다는 것이 한국인들의 요구였으며, 한국인들이 원하는 한국 기독교의 모습이었다. 이 문제가 초기부터 해결되지 않았기에 시간이 흐를수록 누적되어 심지어는 선교사 배척운동까지 일어나게 되었다.

선교사들이 더욱 한국적이 되어야 한다는 것은 선교사가 선교지인 한국에서 문화적인 우월감이나 민족적 우월감을 버리고 동일화하는 것을 말한다. 이런 동일화는 선교사들 자신도 한국에 올 때부터 표방한 것이기도 했다. 한석진에 의해 비판을 받은 마펫조차 자신의 입으로 선교사들이 한국적이 되어야 한다고 강조하고 있다.

"현지인들도 우리만큼의 영적 수준에 도달할 수 있고 실제로 도달하고 있습니다. 서구의 사상과 관습, 발명품들은 기독교의 본질에 속하지 않습니다. 오히려 서구의 몇몇 기이한 관념이나 관습보다 동양의 사상과 관습 가운데 성경의 생각에 가까운 것이 훨씬 더 많습니다. 그러므로 서구문명 일부라고 여겨지는 비성경적인 것을 도입하는 것은 저들의 영적 삶에 도움이 되기보다 방해가 됩니다. …선교부의 자산이 늘어날수록 우리는 현지인 개개인과 살아있고 진실하고 친밀한 마음을 나누는 관계를 가져야 합니다."

[마펫이 '장로교 신임선교사에게 주는 선임선교사들의 권고'에 쓴 글(1905년)]

그러나 이렇게 충고한 마펫조차도 더욱 한국적이며 자립적인 교회를 원하는 한국인들로부터 그것을 가로막는 사람으로 여겨지고 있었다.

† 한국적인 매켄지와 자립적인 소래교회 †

한국에 온 초기 선교사들이 모두 동일화를 거부했던 것은 아니다. 선교사들 중에는 자립적인 한국 기독교를 생각하며 더욱 한국적이 되고자 노력한 사람도 있었다. 누구보다도 이런 열정으로 동일화를 시도한 선교사가 캐나다에서 온 매켄지(W. J. McKenzie)였다. 그는 1893년 12월에 캐나다 메리 타임즈 지역 장로교대학 선교협회의 파송을 받아 독립선교사로 한국에 왔다. 한국에 도착한 후 평양에서 홀(W. J. Hall)과 마펫을 만나서 선교에 대한 조언을 들은 후 1894년 2월에 선교지를 황해도로 정하고 소래로 가서 서경조를 만났다. 이렇게 해서 한국적이기를 원했던 선교사 매켄지와 자립적인 소래교회의 만남이 시작되었다.

매켄지는 서경조의 집에 머물면서 그로부터 한글을 배우는 한편 서양 생활습관을 버리고 한국인의 생활양식대로 살기 시작했다. 그는 친구에게 보낸 편지에서 자신의 한국식 생활에 대하여 소개하고 있다.

> "내가 어떤 상황 속에서 지내고 있는지를 이야기해 주겠네. 나는 지금 솜씨 있게 짠 조선식 카펫인 멍석 위에 앉아 있는데, 방바닥과 벽은 흙으로 되어 있고 지붕은 짚으로 덮혀 있다네. …내가 먹는 음식이 어떤 음식인지 아는가? 래브라도에서는 감자와 우유가 있지만 조선에는 감자와 우유도 없다네. 나는 2주 동안 빵이라고는 한 조각도 먹지 않았고 끼니마다 쌀을 먹고 있다네."
>
> [매컬리의『케이프브레튼에서 소래까지: 매켄지선교사의 생애와 황해도 선교기』
> (1903년)』]

심지어 매켄지는 한국 사람들이 영양을 보충하기 위해 먹는 보신탕을 알고 난 후에는 그것을 맛있게 먹었고, 서경조가 선물한 버선을 신고 "실내에서는 참 편안한 것이다. 주민들은 남녀 모두 무명옷을 입는다. 버선은 상당히 따뜻할 뿐만 아니라 솜을 사이에 끼웠기 때문에 푹신해서 좋다"고 친구에게 자랑하는 모습에서는 한국인 속에서 살고자 했던 그의 진심 어린 태도를 엿볼 수 있다.

이렇게 소래에 정착한 매켄지는 소래 사람들이 입는 옷, 그들이 사는 초가집, 그들이 먹는 음식을 먹으면서 한국인의 삶으로 들어가 그들과 하나가 되었다. 장로교회와 감리교회 선교부 소속 선교사들이 외국인 거주지 안에 미국식 주택을 짓고 중산층 문화를 향유하면서 한국인과 접촉하려고 시도한 반면 그는 소래마을로 들어가 소래 사람들과 함께 살며 소래 사람이 되어가고 있었다.

청일전쟁과 동학혁명의 영향으로 소래 지역도 혼란스러웠지만 매켄지는 지역을 돌아다니며 동학을 찬성하는 사람이나 반대하는 사람들 모두를 만나고 그들에게 복음을 전했다. 그는 동학혁명을 찬성하지는 않았지만 서경조와 함께 동학의 여러 지도자를 친구로 사귀기도 하여 소래는 동학의 공격을 받지 않는 도피성으로 소문이 나기도 했다. 이 과정에서 매켄지와 서경조는 기독교 예배당이 다른 집과 다르다는 것을 알리는 상징적인 기념물을 만들었는데 그것이 성 조지의 십자기(St. George's Cross)였다.

"동학교도들과 동학 반대자들, 기독교인들과 기독교 반대자들이 내가 살고 있는 집 가까이에 기둥을 세우고 예수의 깃발을 올리는 일에 동참하였습니다. 깃발을 올리면서 우리는 함께 노래를 불렀습니다. … 모든 사람들이 자신들의 마음에 평화의 깃발이 휘날리기를 참으로 원했습니다. 그들 스스로가 서로에게 그것을 제의했던 것입니다. 먼 데 있는 사람들이나 가까이 있는 사람들이나 다른 모든 사람들은 두려움에 가득 차 있었지만, 그런 어려움 가운데서도 우리의 놀라운 구원과 평화로운 모습을 통해 동학도들과 반동학도들이 상담하거나 자문을 구하기 위해 찾아왔습니다."

[매켄지가 마펫에게 보낸 1894년 12월 31일 편지]

동학혁명을 찬성하거나 반대한 사람들, 기독교인들과 비기독교인들이 함께 소래교회에 이런 상징물을 세웠다는 것과 동학혁명 가담자와 반대자들이 모두 매켄지를 만나러 왔다는 사실은 매우 의미심장하다. 이것은 소래와 그 지역 사람들로부터 매켄지가 얼마나 믿을만한 사람으로 인정받고 있었는지를 잘 알려주는 사례다. 이와 같은 매켄지의 한국적인 삶, 신뢰 속에서 지속된 서경조와의 동역 등으로 인해 소래교회는 진정한 자립적인 교회로 성장해 갔다.

1895년 1월에는 여성교인만 해도 60명 이상이 모였고 수요기도회에는 50명 이상이 모였으며, 주일에는 예배장소가 좁아서 예배하기가 곤란할 정도로 많은 사람이 모였다. 결국 그해 3월에 자신들의 힘으로 교회당을 신축하기 시작했다. 그런데 교회당 건축에 교인들은 물론이고 소래마을 사람들, 심지어 동학교도들까지 참여하는 현상이 일어났다.

> "동학군 2~3명이 300냥, 그들 중에 한 동학군 아내가 500냥, 그리고 동학군의 지휘관이 500냥을 기부했으며, 하루 동안에 600냥 이상이 모금되었다."
>
> [매컬리의 『케이프브레튼에서 소래까지: 매켄지선교사의 생애와 황해도 선교기』
> (1903년)]

▲ 매켄지

이렇게 해서 소래교회는 교회당 건축에서도 한국인들 스스로, 더구나 비기독교인들까지 참여하는 자립적 건축의 모델을 제시하여 한국 기독교 초기부터 선교회의 도움 없이 스스로의 힘으로 교회당을 건축하는 전통을 형성하게 되었다.

매켄지의 삶은 한국인들과의 진정한 동일화를 보여주는 유명한 사례가 되었지만 안타깝게도 그가 말라리아에 걸려

▲ 소래에 있는 매켄지의 무덤

고통을 겪다가 1895년 6월 24일 자살로 세상을 떠나면서 선교사들 사이에서는 무모한 선교 사례로 받아들여졌다. 선교사 유진 벨의 부인 로티 벨은 매켄지의 사망 소식을 듣고 "매켄지의 죽음은 선교사들이 현지인과 똑같이 살아야 한다는 이론이 잘못되었음을 보여주는 실제적인 예"라고 평가하였다. 릴리어스 언더우드 역시 매켄지의 죽음을 지나친 열정을 지닌 선교사들이 선교사 거주 지역을 떠나 한국인 마을에 살면서 영양이 형편없고 먹기에도 역겨운 한국 음식을 먹으면서 한국인들과 함께 하려는 무모한 시도에 대한 경고로 받아들였다.

　동료 선교사들로부터 "지금까지 한국에 파송된 그 누구보다도 훌륭하고 모범적인 선교사"라고 평가받았던 매켄지의 헌신적인 동일화 노력이 그의 안타까운 죽음으로 인해 오히려 선교사들이 동일화를 기피하는 빌미가 되었다는 것은 아이러니하고 비극적이다. 그러나 매켄지의 사례는 한국인들이 진정으로 원했던, 더욱 한국적이고 더욱 자립적인 교회를 만들기 위해 선교사가 어떻게 실천해야 하며 선교사와 한국인들이 어떤 관계를 맺어야 하는지를 잘 보여주는 역사의 거울이 되었다고 할 수 있다. 매켄지가 세상을 떠난 지 30년이 지난 후에 서경조가 매켄지를 회상한 글에서 그 역사의 거울을 다시 들여다볼 수 있다.

> "내가 송천(소래)에 없었다면 매켄지 목사가 오지 아니하였을 것이요, 그러면 송천 영광의 교회가 일찍이 서지 못하였을 것이요, 송천에 교회가 먼저 되지 아니하였으면 해서(황해도)에 수다한 교회가 일찍이 되지 못하였으리라. 범사에 하나님의 뜻대로 되려니와 범사에 기회가 있고 사람이 그 기회에 하지 아니하면 모든 일이 되지 못할 줄을 아노라"
>
> [서경조의 '서경조의 신도와 전도와 송천교회 설립역사' 「신학지남」(1925년 10월)]

/ 제3장

민중 속에 뿌리내리는
한국 기독교와 평신도

1 남녀차별과 신분의 벽을 넘어서

1) 기독교 여성운동 선구자 '전도부인'

† 여성이 공론의 장에 나오다 †

1897년 12월 31일, 정동감리교회 신축 예배당 봉헌을 기념하는 행사로 같은 해 10월 30일에 조직된 정동감리교회 엡윗 청년회(Epworth League) 토론회가 열렸다. 이 토론회는 엡윗 청년회의 남성지회인 워른회(Warren chapter)와 여성지회인 조이스회(Joyce chapter)가 합동으로 개최하였다. 토론 주제는 '여성을 교육하고 동등하게 대하는 것이 옳으냐?'였다. 배재학당과 이화학당의 학생들을 비롯하여 많은 청년들이 참석한 가운데 양편으로 나누어 찬반 토론을 했다. 찬성 편에는 서재필과 김연근이 연설자로 나섰고, 반대편에는 윤치호와 조한규가 연설자로 나섰다. 여성회원들은 아직 연설자로 나설 수 없는 상황이었다.

미국 시민권을 지니고 있던 서재필은 미국의 여성 사회를 예로 들면서 여성들도 교육을 받아야 하며 사회활동을 해야 한다고 주장했으며, 김연근은 동양의 음양조화론을 근거로 찬성 발언을 했다. 반면 5년 동안 미국 유학을 다녀왔음에도 윤리적으로는 상당히 보수적이었던 윤치호는 여성 교육은 필요 없고 가사만 잘 돌보면 된다는 주장을 했으며, 조한규는 "남자는 여자의 머리가 됨이라"는 성경 구절과 창세기 3장을 예로 들면서, "인류의 타락이 어디에서부터 비롯되었는가? 에덴동산에서 하와가 선악을 알게 하는 나무 열매를 따 먹은 탓이 아닌가?"라고 하며 여성 교육은 타락만 조장할 뿐이라는 논리를 폈다. 토론회의 분위기가 여성교육 반대로 기울어 갈 즈음에 회중석에 있던 조이스회 회원 한 명이 소리쳤다.

"물론 하와가 죄를 지었으나 성경에는 하와만 있는 게 아니오. 만약 마리아가 없었으면 예수께서 어찌 세상에 나셨을 것이며, 구원은 어찌 이루어졌으리오. 성경에서 하와만 보지 말고 마리아도 보시오."

이 외침을 계기로 토론회에서는 남자 회원과 여자 회원 사이에 난상토론이 전개되었다. 이날 열린 엡윗청년회 토론회는 1896년 7월 2일에 설립된 독립협회가 당시 열정적으로 추진하고 있던 토론회 운동의 흐름 속에서 열린 것이었다. 독립협회가 주도한 토론회 운동에는 양반뿐만 아니라 일반 민중도 연설과 토론에 참여하여 자신의 의견을 말할 수 있었다.

이런 토론회 운동의 절정이 1898년에 개최된 만민공동회였다. 이 토론회 운동은, 이전에는 공론公論의 장에서 '자신의 의견'을 주장할 수 있었던 사람들이 사대부를 비롯한 극소수에 불과했지만 이제는 신분질서의 벽을 넘어 누구나 '자신의 의견'을 주장할 수 있음을 보여주는 혁명적인 운동이었다. 특히 1897년 엡윗청년회 토론회에서 여성들이 처음으로 남성들 앞에서 '자신의 의견'을 주장한 사실은 신분질서와 남존여비라는 이중의 벽을 넘어서 드디어 여성들이 공론의 장에 등장하였음을 알리는 중요한 사건이었다.

남존여비男尊女卑, 여필종부女必從夫라는 말로 대표되는 차별적인 사회구조 속에서 여성은 언제나 침묵을 강요당하고 숨어 있는 존재였다. 이런 여성들이 공론의 장으로 나와 당당히 자신의 의견을 말하게 되고 은둔의 문을 열고 사회 속으로 나올 수 있도록 연결고리가 되어준 것이 기독교와 선교사였다.

1884년 선교사 알렌의 입국 이후, 당시 한국에서 여성들에게 기독교를 전하는 일은 대부분 여성선교사의 몫이었다. 여성선교사들은 의료와 교육을 통하여, 그리고 개인적인 접촉을 통하여 여성들에게 복음을 전하고자 노력했지만 당시 관습상 주로 집안에만 머물러 있는 여성들을 선교사들이 접촉하는 일은 제한적일 수밖에 없었다. 이에 따라 선교사들을 대신하여 여성들을 자유롭게 만나고 복음을 전해줄 사람들이 필요하였고, 시간이 지남에 따라 서울, 인천, 부산 등의 개항장뿐만 아니라 지방으로까지 순회전도가 확대되고 가정방문 전도를 통하여 여성 기독교인들이 늘어나면서 확대된 선교사역을 함께 감당할 사람들이 더욱 필요하게 되었는데, 이에 맞춰 등장한 사람들이 '전도부인'(Bible Woman)이다.

전도부인은 신앙적인 열정과 특별한 사명감뿐만 아니라 일정수준의 교육을 받은 후에 임명되었다. 초기에는 주로 여성선교사들에게 개인적으로 성경과 교리교육을 받은 후에 임명되었고, 1897년 이후에는 성경반(Bible Class)과 성경연구반(Bible Institute), 성경학원(Bible Training School)을 통하여 교육을 받고 임명되었다. 전도부인들은 여성선교사의 지휘 아래 담당 지역에 파송되어 전도사역을 감당했다. 그 활동영역에 따라 도시전도부인, 학교전도부인, 병원전도부인으로 구분되었다. 도시전도부인은 구역을 담당하여 순회하거나 교회를 전담하는 일을 했으며, 학교전도부인은 선교사들이 세운 학교에서 근무하면서 전도부인의 역할을 동시에 수행했고, 병원전도부인은 선교부가 세운 의료기관에서 전도부인의 역할을 수행하는, 현재의 원목에 해당하는 역할을 담당했다. 전도부인이 실제 수행한 역할은 크게 전도활동, 사경회와 성경반 지도를 중심으로 한 교육활동, 교회설립과 부흥활동 등으로 매우 광범위했다.

초기 전도부인의 전도활동에는 성경을 판매하는 권서勸書의 역할도 포함되어 있었다. 당시에는 여성 권서를 통해서 기독교 신앙을 갖게 되는 여성들이 많았다. 이는 여성들이 외부와 거의 차단된 생활을 하여 권서를 통해서만 그들과 접촉이 가능했기 때문이다. 그런데 당시 여성들 대부분은 한자는 물론이고 한글도 몰랐기 때문에 성경을 판매하기 위해서는 읽는 법과 쓰는 법을 가르쳐야 했다. 자연스럽게 전도부인은 여성들의 한글 선생이 되어 그들이 문맹文盲에서 해방될 수 있도록 도와주었다. 이뿐만 아니라 자신들이 성경연구반과 성경학원에서 배운 새로운 학문과 사상의 전달자 역할까지 감당하기도 했다. 이와 같은 역할에서 알 수 있듯이 전도부인의 사역은 단순히 직접적인 전도에만 국한되지 않고 당시 여성들의 전반적인 삶을 돌보는 목회와 그들을 새로운 세계로 이끌어 주는 선구적 지도자의 역할을 감당하고 있었다.

† 조력자에서 지도자로 †

초기 전도부인의 역할은 여성선교사의 조력자에서 시작했지만 점차 주체적인 활동영역을 넓혀가며 지도적인 역할을 하기 시작했다. 즉 한국 기독교 여성 지도자의 역할을 하게 된 것이다. 가령 개별교회의 여성조직이 구성되는 과정에서 전도부인들은 지도적인 역할을 했다. 감리교의 경우, 한국 최초의 여성 단체인 조이스회가 1897년 10월 31일 창립될 때 한국인으로 부회장을 맡은 사람이 전도부인인 여메례였다. 앞에서 언급한 정동감리교회 신축예배당 봉헌기념 엡윗청년회 토론회에서 조이스회를 이끌고 남녀 간 일장토론을 이끌어낸 사람도 여메례였다. 여메례는 1900년 11월 11일에 한국 여성 기독교인만으로 구성된 감리교 여선교회의 모체인 보호여회保護女會를 조직하였다. 1903년 평양 남산현교회 보호여회의 설립 주역도 전도부인 김세지였다.

▲ 감리회 평양선교지부 전도부인들(1907년)

전도부인들은 여성조직을 설립하는데 주도적인 역할을 했을 뿐 아니라 여성조직에 의해 전도부인으로 파송되기도 했는데, 장로교회는 1898년 평양 장대현교회 여전도회가 조직되면서 여성들이 매월 전도비를 모아 전도부인을 파송하기로 했으며, 1908년 제주도에 이선광을 전도부인으로 파송하기도 했다.

앞에서 말한 것처럼 침묵과 은둔을 강요당하던 당시의 한국 여성들이 당당히 자신의 의견을 말하고 은둔의 문을 열고 사회 속으로 나올 수 있도록 연결고리가 되어 준 존재는 기독교 와 선교사였다. 하지만 한국여성들이 인간의 권리와 자유를 가질 수 있도록 실제로 그들을 이끌어준 사람들은 전도부인들이었다고 해도 과장된 표현이 아니다. 어떤 이들은 전도부인이 복음적이며 보수적인 미국 여성선교사의 그늘에 있었기 때문에 그들이 주장한 평등과 여성의 권리 개념은 기독교복음 안에 머물렀을 뿐 사회적 역할에서 성적(gender) 평등에는 이르지 못했다고 평가절하하기도 하지만, 이런 평가는 1세기 전의 전도부인들에게 1세기 후의 사람들이 너무 과중한 기대를 투영한 것일 수도 있다. 어쨌든 전도부인 김세지가 "기독교의 복음은 조선의 여성에게 해방을 가져다주고 여성의 권리가 무엇인지 알게 해주었다"고 증언한 것처럼 바로 그런 복음을 여성에게 전해준 전도부인들에게 한국 기독교 여성운동의 문을 연 선구자라는 명예를 헌정해 주어도 아깝지 않다는 생각이다.

2) 백정, 사람이 되다

한국 전통사회에서 천민은 사람대접을 받을 수 없는 부류였다. 조선 시대의 신분제도는 양반, 중인, 상민(양인), 천민으로 나뉘었는데, 대표적인 천민은 노비였고, 백정, 기생, 광대, 무당, 상여꾼, 묘지기, 공장工匠 등도 천민으로 분류되어 차별과

멸시를 받았다. 이들은 사람이되 사람대접을 받을 수 없는, 그야말로 '천한 것들'이었다.

가령 백정은 상민들과는 떨어져 마을 밖이나 외진 곳에 집단을 이루어 살아야 했고 상민 이상 되는 사람들에게는 어린아이 앞에서도 머리를 숙이고 항상 자신을 소인이라고 칭해야 했다. 그리고 망건과 갓 대신에 패랭이만 쓸 수 있었으며 여자의 경우 비녀를 꽂아 머리를 올릴 수 없었다. 또한 가죽신을 신을 수 없었고 중치막이라는 넓은 소매의 겉옷은 물론 명주옷도 입을 수 없었다. 심지어는 장례 때에 상여도 쓸 수 없었고 묘지도 상민들과 같이 쓸 수 없었다.

이런 신분질서에 의한 차별은 1894년 갑오개혁을 하면서 제도적으로 폐지되기 시작했다. 그 결과 양반과 중인, 상민을 가리지 않고 실력 있는 인재를 관리로 등용하고 노비제를 폐지하며 아울러 천민에 대한 차별을 없애는 개혁이 1896년까지 진행되었다. 하지만 제도적으로 이런 개혁이 시작되었다고 해서 그때까지 천민들을 사람대접 하지 않던 양반이나 상민들이 하루아침에 그들을 순순히 자신들과 같은 사람으로 여겨줄 리가 없었다. 그만큼 천민들이 사람대접 받는 일은 어려운 일이었고 천민들 스스로 많은 희생과 노력을 통해서 얻었다고 할 수 있다.

† 백정 박성춘, 사람이 되는 길을 발견하다 †

"우리 봉출이를 인간으로 만들어 주십시오."

이 말은 박성춘(朴成春, 1862~1922)이라는 사람이 자기 아들을 제중원 원장인 에비슨(Oliver R. Avison)에게 맡기면서 부탁한 말이다. 그냥 들으면 행실이 엉망인 자기 아들을 선교사가 잘 지도해주기를 부탁하는 말처럼 들리지만 박성춘이 백정이었다는 사실을 알게 되면 이 말 속에는 더 깊은 뜻이 담겨 있음을 짐작할 수 있다.

백정인 박성춘은 사람이 되는 길, 즉 사람대접 받는 길을 기독교에서 발견한 사람이었다. 그는 관자골(지금의 관철동 부근) 백정마을에 살고 있었는데, 1893년 9월에 장티푸스에 걸렸다. 그때 한국에 갓 도착한 의사 에비슨은 무어(Samuel F. Mooer) 선교사의 요청으로 그와 함께 관자골 백정마을을 여러 번 방문하여 사경을 헤매고 있던 박성춘을 치료해 주었다. 박성춘은 천민인 자신을 정성껏 치료해준 에비슨과 무어에게 감동하여 무어가 사역하고 있던 교회에 나가기 시작하고 1895년 4월 20일에 세례를 받으면서 '새봄을 맞아 새사람이 되었다'는 뜻으로 성춘成春이라는 이름을 가지게 되었다.

그런데 그 교회는 양반들이 많이 살던 곤당골(지금의 롯데호텔 부근) 근처여서 대부분의 교인이 양반들이었다. 당연히 천민인 박성춘이 자신들과 같이 예배에 참석하는 것에 불만을 품었고, 박성춘이 동료 백정들을 교회로 데리고 오자 양반 교인들은 결국 불만을 드러냈다. 그들은 교회 출석을 거부하거나 교회당 안에 좌석을 분리해서 양반들은 앞쪽에 앉고 백정들은 뒤쪽에 앉게 하자고 요구했다. 교회당 안에 신분에 따라 귀함과 천함을 구분하는 귀천貴賤 좌석을 만들자고 요구한 것이다.

이런 양반 교인들의 요구에 대해서 무어선교사는 "하나님 앞에서 모든 사람은 평등하다. 더구나 교회 안에서 신분계층의 귀천을 구분하고 차별하는 것은 복음에 위배된다"고 하면서 단호하게 거부했다. 결국 양반 교인들은 1895년 여름에 곤당골교회를 떠나서 홍문수골(지금의 광교 교차로 부근)에 따로 교회를 세우게 되었다. 이런 과정에서 박성춘은 기독교야말로 천민인 자신을 사람대접 해주는 종교라고 확신하게 되었다. 마치 물건처럼 '천한 것들'로 취급받던 자신들이 실상은 하나님이 귀하게 여기는 피조물로서, 누구에게도 빼앗길 수 없는 인간의 권리를 하나님으로부터 받았다는 사실을 복음 속에서 발견한 것이다. 다시 말하면 복음 속에서 '신부적神賦的 인

권사상'을 발견한 것이다.

그러므로 박성춘이 아들 봉출이를 에비슨에게 맡기면서 인간으로 만들어 달라고 부탁한 말 속에는 신부적 인권사상을 소중하게 여기는, 즉 복음의 정신을 깊이 간직한 의사가 되도록 해달라는 소망이 담겨 있었을 것이다. 실제로 한국에 복음이 전해질 때 복음 속에 담겨 있는 신부적 인권사상을 누구보다도 잘 이해하고 적극적으로 수용하여 실천한 사람들은 전통사회의 신분질서 속에서 차별받던 일반 민중과 여성들이었다.

† 복음의 사람 박성춘의 활동 †

이렇게 복음을 통하여 사람이 된 박성춘은 본격적으로 두 가지 일에 주력하면서 사람다운 삶을 살아간다. 그 첫 번째 일은 백정해방운동이었다. 박성춘은 1895년 5월 6일 곤당골교회 예수교학당 교사 채 씨와 함께 내부협판內部協辦 유길준에게 갑오개혁으로 시작된 신분차별에 대한 철폐를 백정에게까지 확대해 달라는 탄원서를 보냈다. 또한 무어와 에비슨도 동일한 내용의 탄원서를 보냈다. 마침내 그해 6월 6일에 서울에 살고 있는 백정에 대한 차별을 철폐하는 포고문이 발표되었고 1896년 2월에는 상민 이상의 사람들만이 할 수 있었던 상투를 틀고 갓을 쓰는 일이 백정에게도 가능해졌다. 이때는 이미 단발령이 시행되고 있던 때였지만 백정들 중에는 갓을 쓰게 된 것이 너무 꿈같은 일이라서 잠을 잘 때도 갓을 쓴 채로 자는 사람도 있을 지경이었다.

박성춘은 계속해서 선교사들과 함께 백정해방운동이 지방으로 확산되는 일과 백정이 상민과 같이 호적을 가질 수 있게 해달라는 건의를 하였고, 1896년 9월에는 백정들도 호적을 가지게 되었다. 이렇게 백정해방운동의 중요한 인물이 된 박성춘은 독립협회에도 참여해서 66명의 총대위원 중 한 명이 되었고, 1898년 10월 29일에 열린 관민 합동 만민공동회에서는 관官과 민民이 합심하여 나라를 이롭게 하고 백성을 편하게 하자는 내용으로 연설을 하기도 했다.

박성춘이 주력한 또 다른 일은 복음을 전하는 일이었다. 자신을 사람이 되게 해주고 나아가 예수 그리스도를 통해 하나님의 자녀가 될 수 있게 해준 복음을 전하는 일은 박성춘에게는 감격, 그 자체였다. 그는 세례를 받은 후 동료 백정들을 곤당골교회로 인도했으며, 자신의 집에서 매일 20여 명의 동료들이 모여서 무어의 지도로 성경공부를 할 수 있도록 했다. 또한 1895년 6월부터 두 달 동안 백정해방운동을 전국적으로 확산시키기 위해 지방순회를 떠났는데, 그때에도 성경 1,500

권을 가지고 가서 판매하면서 전도활동을 했다. 1895년 10월부터는 수원, 부평, 안산, 영종도 등 경기도 지역을 다니면서 백정들을 대상으로 전도집회를 하고 성경을 판매했다. 박성춘이 전하는 복음은 차별의 한(恨)을 안고 살아가던 백정들에게 큰 호소력이 있어서 그가 전도하는 곳곳에서 백정들이 기독교인이 되었고 곤당골교회 또한 백정들과 다른 천민들이 많이 출석하게 되었다. 그래서 양반들은 첩장교회[첩과 백장(백정)이 모이는 교회]라고 조롱하기도 했다.

그럼에도 불구하고 곤당골교회는 1898년 홍문수골교회와 다시 합치게 되었고 그 후 1905년에는 탑골에 새 교회당을 마련하여 중앙교회라고 이름을 바꿨다. 이 교회가 현재 인사동에 있는 승동교회가 되었다. 그 후 박성춘은 1911년에 승동교회의 제2대 장로로 선출되기도 했다.

그러면 인간으로 만들어 달라고 하면서 에비슨에게 맡겼던 아들 봉출이는 어떻게 되었을까? 박서양(朴瑞陽, 1885~1940)이라고 이름을 바꾼 봉출이는 에비슨으로부터 1년 넘게 개인적으로 훈련을 받은 후 1900년에 정식으로 제중원의학교에 입학해서 교육을 받기 시작했다. 그리고 1908년 동료 6명과 함께 제중원의학교 제1회 졸업생으로 의술개업인허장을 받고 의사가 되었다. 특이한 것은 교장인 에비슨이 박서양을 포함한 7

명의 졸업생을 의료선교사로 인정했다는 것이다. 에비슨이 볼 때 7명의 졸업생은 의사이자, 선교사 자격이 충분하다고 여겼기 때문이다.

박서양은 오성학교, 중앙학교, 휘문학교와 모교인 세브란스병원의학교에서 학생들을 가르치다가 1917년 북간도로 가서 구세병원과 숭신학교를 세워 많은 사람들을 치료하고 학생들을 가르쳤다. 또한 독립운동단체인 대한국민회 군사령부의 군의로 활동하면서 독립운동을 하다가 1920년 봉오동전투에 참전하기도 했다. 이렇게 박서양은 아버지 박성춘의 소망대로 복음을 가슴에 품고 의사로, 교사로, 선교사로, 독립운동가로 살아갔다.

▲ 박성춘의 아들 박서양

결국 박성춘과 박서양은 복음을 통하여 백정도, 백정의 아들도 하나님이 부여한 권리를 가진 고귀한 인간임을 알게 되었고 그 감격 속에서 복음을 실천하면서 살아간 '하나님의 사람'이 되었다.

2 기독교와 계몽운동의 시대

1) 일반 민중들 읽고 쓰기 시작하다

> "천한 일을 하는 사람도 거짓말하는 법이 없으며, 다 읽고 쓰
> 고 산수를 할 줄 안다."
>
> [독립신문 (1896년 11월 10일)]

현재 우리의 관점에서 보면 모든 사람이 읽고 쓰는 일이 평
범한 것처럼 보이지만 1890년대에 모든 사람이 읽고 쓰는 일
은 혁명적인 일이었다.

† 문명국과 문명인이 되는 길 †

　조선이 쇄국에서 벗어나 개항을 한 후 사람들이 가장 선호한 말은 개화와 문명이었다. 개화하는 것, 개화문명국, 개화문명인이 되는 것은 새로운 시대의 문을 여는 마법 같은 일로 여겨졌다. 문명이라는 말은 『서경』과 『역경』에 등장할 만큼 한자문화권에서는 일찍부터 통용되던 말이었다. 성리학적 기준으로 보면 성리학이 바로 문명이었으며 성리학을 꽃피운 한국이 문명국가였다. 그러나 개화기에는 이 문명관이 완전히 바뀌었다. 이제는 서양이 곧 문명이었다. 물론 위정척사파에게는 서양이 여전히 오랑캐였지만 그런 태도는 지는 해를 붙들고 있는 것처럼 무모하고 낡은 것으로 비치고 있었다.

　서양이 곧 문명이라는 문명관은 1890년대 들어 확고하게 자리를 잡아서 지도층뿐만 아니라 일반 민중(common people)에게도 널리 인식되기 시작했다. 이런 문명관은 1894년에 단행된 갑오개혁에 이어 문명전파에 힘을 기울인 『독립신문』 창간을 전후하여 광범위하게 퍼졌다. 서양이 곧 문명이라는 것을 한국 사람들에게 가장 잘 보여준 사례는 기독교였다. 한국 사람들이 보기에 개항 이후부터 한국을 방문한 서양인들은 낯선 이방인이자 문명인이었다. 그중에 대표적인 문명인으로 비친 사람들이 선교사였다. 이것은 사람들이 '서양=문명=기독교'라고 인식했다는 것을 의미한다. 그러므로 싫든 좋든 한국 사람들이 기독교에 입교하는 동기 중 하나는 문명인이 되기 위한 것도 있었다.

이렇게 광범위하게 일반 민중에게까지 퍼진 문명화에 대한 열망을 충족시켜 주는 대표적인 통로는 서양식학교와 신문이었다. 학교와 신문을 통하여 읽고 쓸 수 있게 만들고 새로운 학문을 배우게 하는 것을 가장 효과적인 문명화의 지름길로 여겼던 것이다. 독립신문이 한글을 사용한 것도 일부 지도층만이 아니라 일반 민중까지 문명화의 주인공이 되어야 한다는 생각을 가지고 있었기 때문이다. 특히 전통사회에서는 절대 읽고 쓰고 학문을 할 수 없었던 천민들에게까지 신문과 학교를 통하여 문명인이 되는 길이 열리기 시작했다.

이렇게 문명화의 지름길로 여기던 학교와 신문을 통하여 일반 민중에게 가장 먼저 다가간 것도 기독교였다. 문명화를 열망하던 시대에 기독교는 학교와 신문을 통하여 민중들 속에서 뿌리내리기 시작했다.

한국에서 처음으로 서양식 학교가 문을 연 것은 1883년이다. 정부는 베이징에 세워진 외국어 전문학교인 동문관同文館을 모방하여 동문학同文學을 세웠다. 이 학교는 경복궁과 창덕궁 사이에 위치한 통리교섭통상사무아문 안에 있었는데, 영국 출신의 핼리팩스(T. E. Hallifax)와 그의 중국인 조교인 당소이唐紹怡가 교사로 학생들을 가르쳤다. 학생들은 40여 명으로 대부분 15~30세 사이의 양반 가문 출신이었다. 교과목은 영어, 일본어, 서양의 계산법 등이었다.

학생들이 공부하는데 드는 모든 비용은 정부에서 부담하였는데, 이 학교는 1886년 9월에 육영공원이 문을 열면서 폐교되었다. 동문학이 최초의 서양식 학교이긴 했지만 양반 가문 출신을 선발한 것에서 알 수 있듯이 입학자격에 신분제약을 두지 않는 보통교육을 지향하지는 않았다.

보통교육을 지향하면서 문을 연 최초의 서양식 학교는 1883년에 원산 개항장이 있던 덕원에 개교한 원산학사였다. 이 학교는 일반 민중들이 뜻을 모아 학교를 세웠고 덕원부사로 부임한 개화파 관리 정현석이 정부의 허가를 받았다. 이 학교에서는 유교 경전을 비롯하여 산수, 물리, 기계, 농업, 양잠 등의 실업과목과 외국어, 법률, 지리 등을 가르쳤다. 입학 자격에 특별한 제한을 두지 않아서 다양한 계층의 사람들이 입학할 수 있었던 것이 큰 특징이었다.

그 후 보통교육을 지향하면서 서양식학교를 본격적으로 시작한 사람들은 선교사들이었다. 물론 선교사들이 학교를 세운 것은 선교를 위한 목적, 즉 교육선교의 한 방법으로서 학교를 세웠지만, 빈부귀천을 가리지 않고 보통교육을 지향했기에 이 학교는 소외되었던 일반 민중들이 문명인이자 독립적인 인간이 되는 중요한 통로가 되었다.

먼저 학교 설립을 추진한 선교사는 감리교회의 아펜젤러였다. 그는 미국공사 포크를 통해 1885년 11월 고종으로부터 학교설립 허가를 받아서 1886년 6월에 학교를 개교했다. 이 학교가 한국 근대교육의 시작이라고 부르는 배재학당培材學堂이다. 배재학당은 고종으로부터 받은 이름으로 개교 당시 학생 수는 2명뿐이었지만 5개월 만에 무려 32명이 되었다. 초창기부터 배재학당이 이렇게 인기를 끈 것은 당연히 새로운 학문에 대한 호기심과 현실적인 목적이 강했기 때문이다. 그래서 학생들 중에는 "나는 배재학당에서 영어공부를 여러 해 하였지만 예수교에는 투입함이 없고 재주만 배웠다"고 말하는 사람도 있었다. 물론 일반 학문과 함께 성경을 배우거나 기도회를 하는 과정에서 기독교인이 되는 학생도 있었다. 1887년 7월과 10월에 세례를 받은 박중상과 한용경이 그와 같은 경우였다. 어떤 이유에서든 배재학당은 일반 민중에게 새로운 세계를 알게 해주는 통로가 된 것이 분명했다.

배재학당은 그 후 학생들이 더 늘어나자 1887년에 단층으로 된 르네상스 양식의 교사를 신축했으며 1890년에는 '배재학교규칙'을 제정하였다. 1893년에는 학제를 영어과, 한문국문과, 신학과로 개편하였다. 1896년 당시 재학생 수는 영어과 106명, 한문국문과 6명, 신학과 6명이었다. 1890년대 배재학당은 영어교육을 중심으로 하면서 한문교육이나 교양교육을 중요하게 여겼다. 당연히 선교적 관점에서 선교교육을 강조하면서도 이를 위해 인간을 문명화시키는 교양교육이 선행되어야 한다고 생각했다.

아펜젤러는 배재학당의 교육목적을 "통역가나 기술자가 아니라 박학한 교양인을 배양하는 것"이라고 밝혔다. 이에 따라 1888년부터 산수, 지식의 계통, 일반과학, 어원학 등의 과목을 개설하였다. 1895년 12월부터는 미국에서 귀국한 서재필이 세계지리학, 유럽 정치 경제, 교회사 등을 가르쳤고 윤치호가 1897년부터 과학개론과 천문학을 가르쳤다. 서재필과 윤치호 등은 독립협회를 설립하고 활동을 주도한 인물들이었기에 배재학당 학생들은 자연스럽게 독립협회의 활동에도 적극적으로 참여하였다. 학생들이 1898년에 배재협성회를 조직하여 토론회와 연설회를 개최한 것도 이런 영향 때문이었다.

장로교회의 언더우드는 1886년 1월부터 고아나 극빈자 자녀들을 모집해서 기술을 가르치는 기술학교 형태의 고아원을 세우고자 했다. 그는 그 해 5월 정동에 한옥 한 채를 구입해서 1명의 학생으로 고아원을 시작했다. 이 고아원 학교는 처음에는 언더우드학당이라고 부르다가 예수교학당, 민로아학당, 구세학당 등으로 불렀고, 1905년에는 경신학당이 되었다.

경신학당 또한 예수교학당 시기에 교육 목표를 "자기 동족들에게 진리를 간증하게 할 전도자와 교사를 양성한다"고 정하였지만, 동시에 "학생들의 나태성과 타성을 깨우치고 진취적인 기상을 고양시켜 자아발견과 자유 준수의 인간 창조"를 위한 교육을 한다고 밝히고 있다. 이렇게 볼 때 경신학당 또한 선교교육과 함께 교양교육을 중시하였음을 알 수 있다.

여성들에게 배움의

▲ 배재학당 신축교사(1887년)

기회를 제공하고자 여학교 설립도 추진하였는데, 감리교회의
메리 스크랜턴(M. F. Scarnton)에 의해서 1886년 5월에 시작
된 이화학당과 장로교회의 엘러즈에 의해 1887년 6월에 시작
된 정동학당이 바로 여성을 위한 학교였다. 당시 여성들이 교
육을 받아야 한다는 생각은 전무한 상태였기에 학생 모집이
매우 어려웠다. 그래서 최초의 학생들은 고아나 과부, 첩, 기
생과 같은 소외계층이 대부분이었는데, 이렇게 배움의 기회를
갖게 된 여학생들은 새로운 세계와 새로운 인간관을 접하게
되었다.

† 신문을 통한 문명화 †

일반 민중에게 학교와 더불어 문명화의 통로가 된 신문이 처
음 선보인 것은 1883년에 통리기무아문 박문국에서 『한성순
보漢城旬報』가 나오면서부터였다. 이 신문은 정부가 개화정책의
방편으로 창간한 신문이었는데, 순한문으로 인쇄되어서 관리
와 한문을 읽을 수 있는 사람들만 볼 수 있었을 뿐 아직 일반
민중이 접하기에는 어려움이 있었다. 그 후 1886년에 국한문
혼용인 『한성주보』가 창간되었지만 이것도 여전히 일반 민중
들과는 거리가 있는 신문이었다.

문명화의 매개체로서 일반 민중에게 확실한 역할을 한 신문은 1896년 4월 7일에 창간된 『독립신문』이다. 『독립신문』은 문명 담론과 독립의식 고취의 일등공신이기도 했지만 이런 공론의 장에 지도층 인사들뿐만 아니라 일반 민중이 주인공으로 등장할 수 있게 했다는 점에 더 큰 의미가 있다. 『독립신문』을 창간하고 주필을 맡았던 사람은 서재필이었지만 한글전용 신문이 되도록 만든 사람은 주시경이었다. 두 사람은 신문을 창간하기 전에 배재학당에서 교사와 학생으로 만나게 되었는데, 이때 의기투합하여 일반 민중이 쉽게 읽을 수 있도록 한글로 신문을 만들자는 결단을

▲ 독립신문 창간호

하게 되었다. 『독립신문』은 아펜젤러의 후원 아래 배재학당 안에 있는 감리교출판사에서 인쇄되었다.

이렇게 선교사들이 시작한 기독교 학교와 기독교적 배경을 가진 신문을 통하여 일반 민중은 문명인이자 현실 속에서 자신들의 존재를 당당히 알리고 영향력을 발휘하는 주체가 되어가는 모습을 볼 수 있다. 또한 이것은 기독교가 문명이라는 매

개를 통하여 일반 민중 속에 뿌리내리고 있음을 보여주는 증거이기도 하다.

2) 평신도와 애국계몽운동

한국에서 기독교가 점차 일반 민중 속에 뿌리내리기 시작했다는 것을 보여주는 사례는 동학농민혁명(1894년), 청일전쟁(1894~95년), 명성황후 시해사건(1895년), 고종의 러시아 공사관 피신사건(1896년) 등 격동의 사건들이 일어나던 1890년대에 기독교가 보여 준 민족운동과 애국계몽운동에서 찾을 수 있다.

† 충군애국의 민족계몽운동 †

이 시기 한국 기독교의 애국계몽운동은 충군애국忠君愛國의 형태로 표출되었다. 기독교인들은 고종과 왕세자의 생일을 맞아 연합축하행사를 추진하여 연설회와 기도회를 열었는데, 이런 행사에는 언제나 태극기를 게양하고 애국가 제창을 하였다. 당시에는 다양한 사람들이 애국가를 작사하고 부르기도 했다.

"우리나라 대조선은 자주독립 분명하다
십부아문 대신들은 충량지신 품고지고
면면촌촌 백성들은 사농공상 힘써보세
개화개화 헛말말고 실상개화 하여보세
불러보세 불러보세 애국가를 불러보세

독립문을 크게 짓고 태극기를 높이다세
임금사랑 먼저사랑 백성사랑 후에사랑
만세로다 만세로다 우리나라 만세로다."

평양의 이영언이 지은 애국가 가사

태극기를 게양하는 일은 국가적 행사뿐만 아니라 부활절이
나 성탄절 등에도 행해졌으며, 태극문양이 들어간 등이나 십
자등, 십자기 등을 게양하는 것으로 민족의식을 드러내는 교
회도 많이 있었다.

"성탄절에 인천 답방리교회에서 남녀 교우들이 열심히 연보한
돈이 사원 오십 전인데 처음으로 십자기를 세우고 등 삼십육 개
를 십자로 달고 회당문 위에 태극기를 세웠으며 남녀 교우 합 오
십사 인이 모였는데, 전도 듣는 사람은 이백여 명이요 속장 이근
방 씨가 기도하고 권사 복정채 씨가 목사 조원시 씨를 대신하여
누가복음 일장 일절로 이십사절까지 읽고 애찬을 베풀며 하나님
성자께서 이 세상에 오신 뜻을 설명하는데 남녀 교우 외 구경하

는 사람들이 재미있게 듣고 하나님께 영광을 돌리더라."

[대한크리스도인회보 (1899년 1월 4일)]

성탄절의 이런 풍경은 당시 많은 교회에서 행하고 있던 익숙한 풍경이었다. 그만큼 기독교인들이 자신들의 신앙과 애국심을 함께 표현하는 데 있어서 익숙해 있었다.

† 독립협회와 애국계몽운동 †

특히 이 시기의 평신도들이 적극적으로 참여한 애국계몽운동은 독립협회와 관련된 운동이었다. 독립협회는 갑신정변에 참여했다가 정변이 실패하자 미국으로 망명했던 서재필이 1895년 12월에 귀국하면서 만들어진 단체다. 서재필은 귀국후 정동에 있는 아펜젤러의 사택에 머물면서 선교사들과 구미 외교관, 정동파 인물 등을 접촉하는 한편 배재학당에서 세계 지리학, 유럽 정치 경제, 교회사 등을 가르쳤다. 서재필은 독립협회를 설립하기 전에 먼저 신문 창간을 추진하여 1896년 4월 7일에 『독립신문』을 창간했는데 창간 당시 배재학당의 학생이자 상동청년회에서도 활동하던 주시경이 동참하였으며 신문

인쇄는 아펜젤러의 도움으로 배재학당 내에 있는 감리교출판사에서 하였다.

『독립신문』은 창간호로 2,000부를 발행했는데, 호응이 대단하여 지방에 미처 보급하기도 전 2~3일 만에 매진되었다. 한 명의 구독자가 다 읽은 후에는 다른 사람에게 넘겨주고 또 넘겨주는 식으로 한 장의 신문으로 200명 이상이 읽기도 했다. 이렇게 독립신문이 대단한 호응을 얻고 정상적인 궤도에 오르자 체계적인 자주 독립운동을 위한 단체로 독립협회를 설립하게 되었다. 독립협회는 1896년 6월 7일에 발기인 모임을 한 후 6월 20일에 고종의 허락을 받아 준비 작업을 마친 후에 7월 2일 오후에 창립하였다.

창립 당시 독립협회는 독립문, 독립관, 독립공원 등 독립기념물 건축 사업을 추진함과 동시에 이를 위해서 필요한 모금 운동에 주력했으며 그다음에는 일반 민중의 교육과 참여를 목표로 하는 토론회와 연설회를 개최하였다.

그런데 독립협회 활동에서 중요한 기반을 차지하던 곳이 배재학당과 정동감리교회였다. 서재필은 배재학당에서 학생들을 가르치면서 아펜젤러의 요청으로 학생운동을 지도했고 윤치호 또한 학생들을 가르쳤는데, 특히 윤치호가 독립협회 활동에 참여한 일은 배재학당과 정동감리교회의 학생들과 교인들이 독립협회 활동에 활발하게 참여하는 계기가 되었다.

윤치호는 1884년에 일어난 갑신정변에 직접 가담하지는 않았지만 부친 윤웅렬이 정변을 주도한 개화파에 의해 형조판서에 일방적으로 내정되고 자신도 이전부터 개화파와 교류한 것 때문에 결국 1885년 1월 중국으로 망명의 길을 떠났다. 그런데 윤치호는 상해에서 선교사들이 세운 중서서원中西書院에서 공부하던 중 1887년 4월에 세례를 받아 한국인으로는 최초로 미국 남감리회 세례 교인이 되었다. 이후 그는 미국으로 유학을 떠나서 5년 동안 공부한 후 다시 중국을 거쳐 1895년 2월에 귀국하여 학부협판으로 재직하기도 했다. 그 후 1896년 4월에 민영환과 함께 러시아 황제 니콜라이 2세 대관식 참석을 위해 러시아로 갔다가 1897년 2월에 귀국한 후 그 해 7월에 독립협회에 가입했다. 이후 그는 서재필, 이상재와 함께 독립협회의 세 거두로 불릴 만큼 활발하게 활동하였다.

서재필은 배재학당 학생들을 독려하여 1896년 11월 30일에 한국 최초의 학생회인 협성회協成會를 조직하게 했는데, 협성회의 목적은 학생들에게 독립정신과 애국정신을 굳게 세워 서로 권면하고 국가에 봉사하며 배운 대로 전국 동포들을 권면하는 데 있었다. 협성회는 이런 목적에 따라 매주 토요일 오후에 공개적인 토론회를 개최했다. 주제는 "한글과 한문을 섞어 씀

이 가한가?", "우리나라 종교를 예수교로 함이 가한가?", "노비를 속량함이 가한가?" 등 다양했다. 또한 『협성회 회보』를 주간으로 발행하기도 했다. 그리고 이들을 중심으로 정동감리교회 엡웟청년회(Epworth League)가 1897년 10월 30일에 조직되었다.

† 민중과 함께 한 토론회와 만민공동회 †

독립협회는 정치적인 성격의 단체였고, 협성회는 애국계몽단체였으며 엡웟청년회는 교회의 선교단체여서 지도자의 성격에 따라 그 참여도에 차이가 있었다. 그렇지만 이 단체들의 공통적인 정신적 기초는 기독교 신앙이었다. 임원들 역시 동일한 인물들이 서로 겹쳐 있는 경우가 많았다. 협성회의 임원인 양홍묵, 노병선, 유영석, 문경호 등이 엡웟청년회의 임원으로 활동하기도 했다. 특히 독립협회와 협성회, 엡웟청년회가 합동하여 유기체적으로 움직여서 개최한 것이 토론회와 만민공동회였다.

토론회는 1897년 8월 29일부터 1898년 12월 30일까지 34회에 걸쳐 열렸는데, 매회 토론자와 방청인이 수백 명씩 참석하여 대성황을 이뤘다. 토론회의 주제는 신교육 진흥, 산업개

발, 민족문화 창달, 미신타파, 위생과 치안, 자주독립, 신문보
급, 대외정책, 수구파 비판, 의회설립, 자유민권 등 매우 다양
했다. 이 토론회는 지정 토론자뿐만 아니라 참석자들도 자유
롭게 주제와 관련하여 자기 의사를 발표할 수 있었기에 이전
에는 소외되어 있었던 일반 민중들이 공론公論의 장에 당당하
게 등장할 수 있는 계기가 되었다.

▲ 1898년 만민공동회

만민공동회는 토론회가 진행되던 1898년 3월 10일 종로의
시전거리에서 처음 개최되었는데, 우리 역사상 최초의 민중대
회였다. 이 만민공동회에는 무려 1만 명 이상의 사람들이 모
였고 아관파천 이후부터 극심해진 러시아의 침략정책을 규탄
했다.

제1회 만민공동회에서는 시전상인 현덕호를 회장으로 선출하고 백목전 다락 위에 차린 연단에서 이승만, 현공렴, 홍정후 등 배재학당과 경성학당의 학생들이 러시아의 침략정책을 비판하고 한국의 자주독립을 역설하는

▲ 관민합동 만민공동회에서 제시한 헌의6조

연설을 했다. 이 만민공동회에 참가한 1만여 명의 민중들은 러시아 군사교관과 재정고문의 철수를 요구했다. 서울에 있던 외교관들과 정부는 이와 같은 대규모의 민중대회가 개최된 것에 큰 충격을 받았고 일반 민중의 저력에 놀라움을 표시했다.

이후에도 만민공동회는 1898년 12월까지 3차례나 더 열렸는데, 특히 1898년 10월 29일~11월 4일에 열린 관민합동 만민공동회에서는 군주가 국정을 자기 마음대로 하지 말고 백성들의 의견을 들은 뒤에 결정하라는 내용을 담은 여섯 조항의 건의안(헌의6조)을 제시하였다. 그러면서 독립협회 회원이 정부에 입각하게 되었으며, 중추원을 개편하여 의회 설립을 하는 것에 합의하기도 했다.

이렇게 애국계몽운동과 독립협회 활동 가운데에서 확인할 수 있는 것처럼 초기 한국 기독교는 일반 민중 속에 뿌리내리면서 민족과 함께하는 기독교, 민중과 함께하는 기독교가 되어가고 있었다. 그 중심에는 언제나 많은 평신도의 활약이 존재하고 있었다.

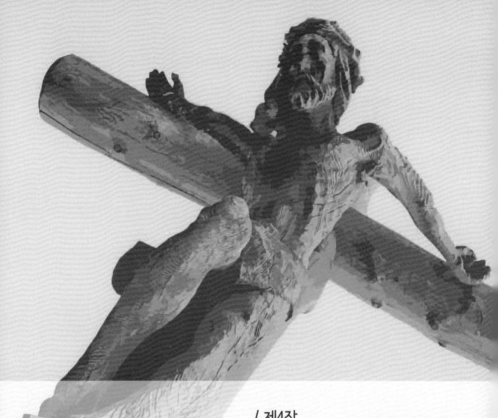

제4장

부흥운동과
민족운동 속에서의
평신도

 **1 평신도와 부흥운동**

1) 사경회와 부흥운동

"한 사람씩 한 사람씩 일어나서 자신의 죄를 고백하고 고꾸라져 울었다. 그러고 나서 바닥에 엎드려서 자기가 죄인이라는 완전한 고통 속에서 주먹으로 바닥을 쳤다. … 그러고 나서 바닥에 엎드려 울고 또 울며 거의 고통 중에 부르짖었다. 때때로 회개의 고백 후에 모든 회중이 통성기도를 했다. 수백 명의 회중이 통성기도를 한 효과는 무엇이라고 표현할 수 없는 것이었다. 다시 회개의 고백 후에 그들은 참을 수 없는 울음을 터뜨렸고 우리 모두 함께 울었다. 우리는 그럴 수밖에 없었다. 그래서 그 모임은 기도와 고백과 눈물로 새벽 2시까지 계속되었다."

이 장면은 평양대부흥운동이라고 불리는 평양사경회의 1907년 1월 14일 저녁집회 모습을 그날의 인도자 중 한 명이었던 선교사 그래함 리(Graham Lee)가 기록한 것이다. 평양 장대현교회에서 열린 이 사경회는 매년 열리는 평안남도 지역 겨울 남자 사경회로 1907년에는 1월 2일부터 15일까지 개최되었다. 평양사경회에서 울면서 죄를 고백하는 회개현상과 회중이 울부짖으며 기도하는 통성기도, 저녁에 시작해서 새벽까지 계속되는 철야기도 등은 한국 기독교가 현재까지 지니고 있는 부흥회의 공통된 모습이다. 이것은 평양에서 있었던 대부흥이 당시뿐만 아니라 현재까지 지속적으로 영향을 끼치고 있으며 긍정적이든지 혹은 부정적이든지 한국 기독교의 중요한 특징들을 형성했다는 것을 알 수 있다.

물론 대부흥운동 기간에 나타난 현상들은 평양대부흥운동에서만 나타난 것은 아니다. 평양대부흥운동은 국내에서는 1903년 하디의 원산부흥운동과 직접적으로 연결되어 있으며, 국외적으로는 1904~5년에 일어난 영국 웨일즈와 인도의 부흥운동과 연결되어 있다. 나아가 이런 부흥운동은 영국과 미국에서 일어났던 대각성운동의 흐름 속에 자리 잡고 있다.

† 하디와 원산부흥운동 †

평양대부흥운동의 불씨 역할을 했던 원산부흥운동은 1903년

8월 하순 원산에서 미국 남감리회와 캐나다장로회 소속 여선교사들이 모여서 1주일간 성경공부와 기도회를 연 것에서 시작되었다. 이들은 캐나다 출신 의료 선교사로 남감리회 소속으로 활동하고 있던 하디(R. A. Hardie)에게 성경공부와 기도회 인도를 부탁하였는데, 당시 하디는 원산과 강원도 북부 철원 지역에서 5년 동안 선교활동을 했지만 뚜렷한 결과를 얻지 못한 상태였기에 깊은 좌절감을 느끼고 있었다. 이런 상태에서 성경공부를 준비하고 인도하는 중에 자신의 노력에 집착하는 것보다 성령의 능력과 임재를 의지하는 것이 중요하다는 것을 깨닫고 기쁨 가운데 성경공부를 인도한 후에, 원산교회 주일예배 때에 자신의 무능함과 신앙적인 허물, 백인으로서의 우월의식과 자만심에 가득 차 있는 자신의 모습을 모든 교인들 앞에서 고백했다. 이 회개는 예배에 참석한 많은 사람들에게 감명을 주는 계기가 되었다.

그 무렵 미국의 부흥전도자인 프랜슨(F. Franson)이 극동 아시아 순방 중 한국에 들러 원산에서 집회를 열고자 했는데, 이 집회를 위해 하디를 비롯하여 한국인 전도인들과 직원들이 함께 매일 성경공부와 기도회를 갖기 시작했다. 이 모임 중에서도 여러 사람들이 공개적으로 죄를 고백하는 일들이 일어나서 점차 확산되기 시작하였다. 그 후 1904년 1월에 열린 개성 지방 사경회에서도 공개적인 죄고백 현상이 나타났다. 이 사경회는 하디와 캐롤, 노울즈, 저다인 등이 인도하고 개성지방의 교인들이 참석했는데, 교인들의 신앙적인 열기가 대단해서 사경회 기간을 1주일 더 연장할 정도였다. 이렇게 원산에서 처음 시작된 공개적인 죄고백과 회개를 동반한 부흥운동은 점차 다른 지역으로까지 확대되었다.

하디는 계속해서 자신의 선교구역인 강원도 철원의 지경터와 새술막에서 사경회를 인도하였고, 1904년 2월에 10일간 개성 남부교회에서 열린 개성지방 연합부흥회를 인도하였으며, 4월에는 서울 자교교회에서 10일간 부흥회를 인도하였다. 또한 9월에는 미감리회 소속 서울 정동교회에서 부흥회를 인도하였다. 이 부흥회에는

▲ 원산부흥운동의 주역 하디

정동교회의 교인들뿐 아니라 이화학당과 배재학당의 학생들도 많이 참여하여 회개하는 일이 일어났다. 이렇게 원산에서 시작된 부흥운동은 서울, 개성, 평양, 철원, 인천 등으로 확산되었다. 이 운동은 하디가 1904년 11월에 안식년으로 인해 미국으로 가면서 소강상태에 접어들었다.

† 대부흥을 위한 준비 †

그 후 부흥운동의 열기가 다시 타오른 것은 1906년 8월에 열린 평양 지역 장로교, 감리교 선교사들의 연합기도회에서였다. 이 연합기도회는 미국에서 돌아온 하디가 인도했는데, 그는 요한일서를 중심으로 모든 것은 하나님께 달려 있으며 복음의 핵심은 하나님의 은혜에 있다는 것을 강조하여 참석한 선교사들도 큰 감동을 받았다. 또한 그들은 자신들의 교만과 죄를 고백하고 자신들과 한국 교인들에게 성령의 충만한 임재가 필요하다는 것과 1907년 1월에 평양에서 열리는 겨울사경회에 그와 같은 축복이 임하게 해달라고 기도하였다. 선교사들의 이런 간절한 소망에 더욱 불을 붙인 것은 그해 9월 서울에서 열린 북장로회 선교회 연례회의였다. 이 연례회의에 미국의 부흥전도자이자 북장로회 해외선교부 위원인 하워드 존스턴(Howard A. Johnston)이 참석했다. 그는 인도, 일본, 중국 등 아시아 선교현장을 둘러보고 서울에 들러 연례회의에 참석하여 영국 웨일즈와 인도에서 일어난 부흥운동에 대한 소식을 알려주었다. 이 소식을 들은 선교사들은 그런 부흥의 역사가 한국에서도 일어나기를 간절히 원했다.

부흥에 대한 이런 열망은 선교사들만 가졌던 것이 아니다. 존스턴은 그해 10월 평양 장대현교회에서 열린 특별사경회에 참석하

여 다시 한번 웨일즈와 인도의 부흥운동을 전하면서 한국에서
도 그런 일이 일어나도록 기도할 것을 강조하였다. 존스턴의 이와
같은 도전에 가장 감동을 받은 사람 중 한 명이 장대현교회의 장
로였던 길선주였다. 존스턴은 웨일즈와 인도의 부흥소식을 전하
면서 한국에서도 그렇게 성령의 충만함을 받기를 원하는 사람은
손을 들고 일어날 것을 요청했지만 아무도 일어나지 않았다. 그런
상황에서 길선주가 용감하게 손을 들고 일어났다. 이런 길선주의
행동에 감동받은 존스턴은 한국에서 반드시 부흥이 일어날 것이
라고 예언하기도 하였다. 이를 계기로 평양의 선교사와 교인들은
부흥을 위한 기도회를 지속적으로 열었다. 특히 길선주와 그래
함 리가 중심이 되어 1906년 연말까지 기도회를 계속했다.

† 죄고백과 회개가 휩쓴 평양대부흥운동

이런 열망과 기도 속에 1907년 1월 2일부터 평양남자사경회
가 시작되었고 1,500명이 모인 사경회 첫날부터 이전에 없었
던 놀라운 일들이 일어나기 시작했다. 첫날 저녁집회의 분위
기가 어떠했는지는 그 집회에 참석한 사람이 남긴 증언을 보
면 충분히 짐작할 수 있다.

"그날 밤 길선주의 얼굴은 위엄과 능력이 가득 찬 얼굴이었고, 순결과 성결로 불붙은 얼굴이었다. … 전에 경험하지 못한 죄에 대한 굉장한 두려움이 나를 엄습하였다. 어떻게 하면 이 죄를 떨어버릴 수 있고 도피할 수 있을까 나는 몹시 번민하였다. 어떤 사람은 마음이 너무 괴로워 예배당 밖으로 뛰쳐나갔다. 그러나 전보다 더 극심한 근심에 쌓인 얼굴과 죽음에 떠는 영을 가지고 예배당 안으로 되돌아와서 '오! 하나님 나는 어떻게 하면 좋겠습니까'라고 하면서 통곡하였다."

[마펫이「An Educational in Korea」에 쓴 글(1907년 2월)]

첫날부터 일어난 이와 같은 일들은 사경회가 계속되면서 더욱 강렬해졌고 마지막 이틀인 14일과 15일에는 부흥의 절정을 맞이하게 되었다. 참석자들을 절정으로 이끌어 간 것은 회중들이 함께 소리 내어 기도하는 통성기도였다. 선교사 블레어는 당시 통성기도의 장면을 자세히 기록하고 있다.

"간단한 설교가 끝나고 그 날 집회를 맡은 그래함 리 선교사가 회중에게 기도를 요청했다. … 너무도 많은 사람들이 기도를 시작하여 온 회중이 통성으로 함께 기도하기 시작했다. 그 결과는 실로 어떻게 글로 표현할 수 없을 정도였다. 전혀 혼란이 없었고 대신 기도에 대한 저항할 수 없는 충동으로 감동을 받은 심령들이 한데 어우러져 드려진 하나님의 보좌를 향한 광대한 소리와 영혼의 화음이 있었다. 그 기도 소리는 내게 하나님의 보좌를 울리는 기도의 대양, 수많은 폭포수에서 나는 소리 같이 들렸다."

[블레어의 『Gold in Korea』 62쪽]

이런 통성기도를 통하여 온 회중은 자신들의 죄를 공개적으로 고백하는 회개의 단계로 나아갔다. 회중들은 주변을 의식할 겨를도 없이 자신들의 온갖 죄들을 마치 토해내듯 고백하였다. 인간의 힘으로는 도저히 이끌어낼 수 없는 강렬한 회개 현상이 사경회를 휩쓸었다. 이런 부흥운동의 열기는 학생과 여성들이 참여하면서 평양 전역으로 확산되었는데, 숭실대학

▲ 평양대부흥운동의 진원지인 장대현교회

과 숭덕, 광성학교 등의 학생들이 수업을 중단하면서까지 부흥운동에 적극적으로 참여하였다. 아울러 여성들 역시 여성교인들만을 위한 사경회를 통해 부흥운동에 참여하였다.

이와 같은 부흥운동이 전국에 알려지자 각 지역에서 부흥운동에 참여하고자 평양으로 찾아오는 사람들이 많아졌으며, 또한 길선주 장로와 같은 사람을 초빙하여 사경회를 열기도 했다. 나아가 부흥운동의 소식은 중국에도 전해져서 중국 요양과 봉천 일대에서 사역하고 있던 중국인 목사들이 평양까지 찾아와서 사경회를 직접 목격하고 돌아가서 중국 교회에서도 부흥운동을 전개하기도 했다.

2) 복음적 신앙 전통을 만들다

평양 대부흥 운동은 앞에서 언급한 것과 같이 개신교복음주의 부흥운동의 커다란 흐름 속에 자리 잡고 있다. 특히 복음주의 부흥운동 중에서 가장 대표적인 부흥운동이라고 할 수 있는 대각성운동(The Great Awakening Movement)과 연결되어 있다. 영국과 미국에서 일어난 대각성운동은 18~19세기, 즉 두 세기에 걸쳐 일어난 거대한 영적 흐름으로 제1차 대각성운동은 조나단 에드워즈와 조지 횟필드를 중심으로 1735~55년에 일어났고, 제2차 대각성운동은 제임스 맥그레디, 찰스 피니 등을 중심으로 1790~1840년에 일어났으며, 제3차 대각성운동은 무디를 중심으로 1850~1900년에 일어났다. 특히 한국에 온 초기 선교사들은 제3차 대각성운동을 통하여 강렬한 회심체험을 비롯한 신앙부흥을 경험하고 선교에 대한 열정을 갖게 된 후에 선교사로 온 사람들이 대부분이었다. 그러므로 선교사들의 마음속에는 그들이 본국에서 체험한 신앙부흥에 대한 열정이 자리 잡고 있 었으며 그런 신앙부흥이 자신들의 선교지인 한국에서도 일어나기를 원하는 소망이 자리 잡고 있었다.

그러므로 원산과 평양대부흥운동을 계획하고 이끌어 간 사람들은 선교사들이었다. 그러나 이것은 대부흥운동에 있어서 한국인 지도자들이나 평신도들이 수동적인 위치에서 선교사들이 인도하는 대로 따라가기만 했다는 것을 의미하지는 않는다. 실제로 대부흥운동이 본격적으로 전개되었을 때에는 길선주 장로를 비롯한 지도자들과 남성교인들뿐만 아니라 여성교인들과 남녀학생들까지 적극적으로 참여하는 모습 속에서 그들의 자발성을 발견할 수 있다. 가령 사경회의 참석자들은 멀게는 300리 이상 떨어진 곳에서 온 사람들도 있었으며, 그들은 사경회 장소까지 오는 교통비와 숙박비, 식사비용 등을 온 전히 자신들이 부담하면서 참석했고, 어떤 이들은 자신들이 먹을 쌀을 직접 메고 오는 사람들도 있었다. 또한 사경회는 관례에 따라 낮에는 성경공부와 기도, 오후에는 평양 지역 전도, 저녁에는 특별전도집회 등으로 진행되었다. 여기에 더하여 교인들이 자발적으로 새벽에 모여 기도하기를 원하는 모습 속에서도 그들의 능동적인 면모를 발견할 수 있다.

† 통성기도, 죄고백, 그리고 실천 †

대부흥운동 과정에서 나타난 현상적인 특징은 통성기도와 공개적인 죄고백을 비롯한 회개라고 할 수 있다. 통성기도는 평양 대부흥운동 이전에는 한국 기독교 안에서 찾아보기 힘든 낯선 것이었다. 이 기도는 1906년 9월 한국을 방문한 하워드 존스턴이 웨일즈의 부흥운동 소식을 전하면서 웨일즈의 부흥회에서는 대표자만 기도하는 것이 아니라 참석자들 모두가 다른 사람을 의식하지 않고 함께 크게 소리 내어 기도했다는 것을 알려 주었다. 이런 기도 방식을 알게 된 선교사들과 한국 교인들이 평양 대부흥회운동에서 이것을 실행하게 되었는데, 이것은 사람들이 기도에 집중할 수 있도록 만들어주는 효과를 가져왔으며, 통성기도를 하는 중에 감동을 받은 사람들은 자연스럽게 자신들의 죄를 고백하게 되었다. 또한 통성기도는 독특한 신체적인 행동이나 표현들을 동반했는데, 격렬한 울부짖음과 바닥에 고꾸라지는 현상, 머리나 다른 신체를 교회당 바닥에 부딪히는 행동 등이었다. 이런 신체적 표현들은 심한 죄책감에 따른 것이었는데 이런 행동 후에는 당연히 죄를 고백하는 일이 뒤 따랐다.

　또 다른 현상적 특징인 공개적인 죄고백과 회개는 매우 직접적이고 구체적이었다. 보통 상태에서는 도저히 끌어낼 수 없는 온갖 잘못들이 참석자들의 입을 통하여 쏟아져 나왔다. 살인과 성적인 범죄, 방화, 술주정, 강도, 절도, 거짓말을 비롯한 미

▲ 평양 지역 연합사경회 모습

움, 원한, 시기, 질투 등 그야말로 인간의 모든 더러움이 토해졌다. 이런 고백과 회개 현상은 참석자들 모두를 살아계신 하나님 앞에서 벌거벗은 모습으로 서 있는 것처럼 느끼게 했으며, 이렇게 격렬한 고백과 회개 뒤에는 형언할 수 없는 기쁨과 평안함을 느끼게 되었다.

아울러 신앙부흥체험에 따른 실천적인 특징을 살펴보는 것도 의미 있는 일이다. 죄고백과 회개에 따른 실천, 자발적인 전도운동으로서의 날연보 등이 대부흥운동 중이나 후에 이어졌는데, 죄고백과 회개에 따른 실천은 부흥회에 참석한 교인들이 사회적으로나 도덕적으로 다른 사람들에게 피해를 입힌 행위에 대해서 구체적으로 배상하는 것이었다. 다른 사람에게 재정적, 신체적 손해를 입힌 경우에 피해자를 찾아다니며 배상하고 사과하는 구체적인 변화의 모습은 교인들이 경험한 부흥체험이 그저 격렬한 감정적 현상에 불과한 것이 아님을 보여주는 증거가 되기도 했으며 기독교인을 긍정적으로 바라보는 계기가 되기도 했다.

† 양심전과 날연보 †

이런 실천적인 배상 행동의 대표적인 사례가 윤승근의 양심전良心錢 이야기이다. 윤승근은 경기도 벽제 출신으로 불량배로 지내다가 기독교에 입교한 후 강원도 선교를 자원하여 철원 지경터에서 가까운 김화 새술막에서 전도하고 있었다. 그는 하디가 인도한 1903년 원산부흥회에 참석했다가 은혜를 받은 후 예전에 선교사의 돈을 몰래 사용한 것을 갚으며 용서를 구했다. 그리고 그는 새술막으로 돌아오면서 자신이 과거 불량배로 지낼 때 지은 모든 죄를 기억하고 손해를 입힌 사람들에게 배상할 수 있도록 해달라고 기도했다. 그렇게 새술막에 도착했을 때 20년 전 인천에서 동전을 만드는 주전소鑄錢所에 근무할 때 정해진 월급보다 많은 돈을 받고 그것을 돌려주지 않은 일이 생각났다. 윤승근은 당시의 주전소를 찾아갔지만 이미 주전소는 폐쇄된 지 오래였고, 배상할 방법을 찾던 그는 주전소를 관장하던 탁지부度支部를 찾아가 관리에게 모든 사정을 말하고 돈을 배상했다. 탁지부에서는 윤승근이 배상한 돈을 양심전이라고 불렀고, 양심전 영수증을 써주었다.

자발적인 전도운동으로서 날연보日捐補(day offering)는 매우 독특한 헌금방법이자 전도방법이었다. 지금은 잘 쓰지 않지만 초기 한국 기독교는 헌금을 연보라고 불렀다. 연보는 보통 돈이나 쌀로 하는 것인데 날연보는 물질 대신 자신의 시간을 바치는 것이었다. 날연보는 평북 철산에서 처음 시작되었다. 1904년 11월 사경회에 참석한 평신도들이 자발적으로 시간을 바쳐서 전도하는 일에 사용할 것을 결심하면서 등장했다. 평신도들의 이런 날연보는 선교사들의 눈에도 인상적인 행동으로 비쳐서 본국 선교부에 보고되기도 했다.

> "교인들은 이웃 불신자들에게 전도하고 멀리 복음이 들어가지 않은 곳에 복음을 전하기 위해 설립한 전도회를 자발적으로 지원하는 것에 그치지 않고 개인적으로 더 주님을 위해 헌신하고자 하는 열정이 생겼습니다. 이 열정은 돈 대신 시간을 바치는 것으로 나타나서 구체적으로 바칠 수 있는 날을 적어 내고 개인적으로 불신자들에게 전도하는 것으로 발전했습니다."
>
> [휘트모어의 1905년 보고서]

이렇게 시작된 날연보는 주변 지역인 선천, 의주, 평양 등으로 확대되다가 대부흥운동을 거치면서 전국적으로 확산되었고 백만명구령운동이 시작된 1909년에 절정을 이루었다. 시간이 흐르면서 날연보는 시간의 십일조를 바치자는 운동으로 발전하기도 했는데, 1909년 9월에 평북 영변에서는 감리교 여성평신도들을 중심으로 십일조회가 조직되었다. 전도부인을 중심으로 십일조회를 만든 여성들은 2주 동안 교리와 전도법에 대한 교육을 받고 3주 동안 2인 1조가 되어 주변 지역으로 가서 전도하였다. 이들은 대부분 경제력이 없는 부인들이었지만 교통비를 제외한 다른 비용은 자비량으로 해서 자기 시간의 10분의 1 이상을 바쳐서 전도하였다. 영변에서 시작된 십일조회 운동은 평양, 해주, 인천, 서울 등으로 확산되었다.

이와 같이 시간을 바치는 전도운동은 대단한 호응을 얻어서 1909~10년 사이에 전국적으로 10만 일의 날연보가 이뤄졌다. 이처럼 날연보와 십일조회운동이야말로 초기 한국 기독교 평신도들이 자발적으로 만든 자립적 자원선교의 원형이라고 할 수 있다.

† 부흥운동의 그림자 †

대부흥운동은 긍정적인 면만 있을까? 그렇지는 않다. 대부흥운동의 부정적인 면을 생각할 때 대표적으로 지적되는 것이 한국 기독교의 비정치화非政治化 또는 몰역사성沒歷史性의 문제이다. 즉 신앙부흥운동에 몰두하여 당시 한국이 일본의 식민지가 되어가고 있던 현실을 외면하였다는 것이다.

이런 비판은 기본적으로 당시 한국 기독교를 주도하고 있었던 선교사들의 태도에 대한 비판을 전제하고 있다. 초기 한국 기독교는 일반 교인들뿐만 아니라 선교사들도 1890년대 말까지는 정치, 사회적인 문제에 많은 관심을 가지고 직접 참여하기도 하였다. 그러나 1905년 일본이 러일전쟁에서 승리한 후 강제로 을사늑약을 체결한 것을 전후해서 상황은 달라지기 시작했다. 일본의 국권침탈에 분노한 한국 교인들이 십자가군병을 일으켜서 일본을 몰아내야 한다는 입장을 가졌던 것에 비해 선교사들은 그와 같은 항일저항운동에 반대하는 태도를 보였다.

여기에는 일본이 한국을 식민지화하는 것에 찬성하고 있던 본국 정부로부터의 압력과 또한 일본의 눈치를 볼 수밖에 없는 선교 상황 등이 함께 작용했다. 하지만 선교사들이 내건 표면적인 명분은 여전히 유아기적인 상태에 있는 교회와 교인들을 보호하기 위해서라는 것이었다.

이에 따라 대부흥운동은 신앙부흥이라는 종교적인 카타르시스를 통해서 한국의 국가적 위기와 민족적인 아픔과 분노를 희석시킨 면도 있었다는 비판을 받게 되었다. 그러므로 대부흥운동이 이후 한국 기독교가 비정치적 또는 몰역사적인 신앙전통을 고착시키는 데 큰 영향을 끼쳤다는 부정적인 평가도 기억할 필요가 있다.

2 평신도와 민족운동

1) 기독교 민족운동의 전개

대부흥운동에 대한 부정적인 비판에서 보았던 것처럼 한국 기독교는 선교사들의 의도를 따라 민족의 현실을 외면한 채 신앙부흥운동에만 몰두하여 몰역사적인 모습으로만 변해가고 있었을까?

먼저 한국의 정치, 사회적인 문제에 대한 선교사들의 태도가 변화하는 과정을 살펴볼 필요가 있다. 앞에서 이미 말한 바와 같이 선교사들은 1890년대 말까지는 한국의 민족적 현실을 외면하지 않았으며 오히려 정치, 사회적인 문제에 많은 관심을 가지고 직접 참여하기도 하였다. 대표적인 사건이 춘생문 사건春生門事件이다. 이 사건은 명성황후 시해사건 이후 경복궁에서 불안한 생활을 하고 있던 고종을 1895년 11월 28일 새벽 경복궁 북동쪽에 있는 춘생문을 통하여 탈출시키려고 하다가 발각된 사건이었다. 이 사건은 정동구락부를 중심으로 한 친러, 친미파 사람들이 주도한 것이었지만, 명성황후 시해사건 이후 고종의 신변을 보호해 주고 있던 선교사들도 상당 부분 이 사건에 개입하고 있었다.

이 사건을 빌미삼아 일본은 미국 정부에 선교사들의 정치적 활동을 항의하였다. 이에 따라 1897년 미국 정부는 주한미국 공사를 통하여 주재국의 내정에 관하여 어떤 경우에도 개입하지 말라는 경고문을 선교사들에게 보내기도 했다.

† 선교사들의 비정치화 선언 †

1900년대에 접어들면서 한국에 대한 일본의 식민지화가 본격화되자 선교사들은 한국이 처한 민족적 위기에 대해서 일정한 거리를 두기 시작했다. 선교사들의 이런 태도 변화를 분명히 보여주는 것이 1901년 발표된 교회의 비정치화 선언이다. 이 선언은 장로교회 선교사들이 1901년 9월 20일 조선예수교장로회공의회를 통하여 발표한 것인데, 다섯 가지 사항 중에서 제1항과 5항에 선교사들의 비정치화 입장이 잘 드러나고 있다.

"1. 우리 목사들은 대한 나랏일과 정부 일과 관원 일에 대하여 도무지 그 일에 간섭하지 않기를 작정한 것이오.

5. 교회는 성신에게 속한 교회요 나라일 보는 교회가 아닌데, 예배당이나 회당 사랑이나 교회 학당이나 교회 일을 위하여 쓸 집이오, 나라일 의논하는 집은 아니오. 그 집에서 나랏일 공론하러 모일 것도 아니오, 또한 누구든지 교인이 되어서 다른 데서 공론하지 못할 나랏일을 목사의 사랑에서 더욱 못할 것이오."

[그리스도신문 (1901년 10월 3일)]

선교사들이 이런 선언을 한 데에는 한국에서 점점 힘의 우위를 드러내고 있던 일본과 한국 교인들 사이에 끼어있는 난처한 입장과 점점 강화되고 있는 미국과 일본 사이의 밀월 관계 등을 고려한 고육책이었다. 그러나 1905년 을사늑약과 1907년 정미조약이 체결되고 한국의 식민지화가 가시화되자 대부분의 선교사들은 일본의 식민통치를 인정하는 쪽으로 방향을 굳히게 되었다. 여기에는 선교사들에 대한 이토 히로부미의 회유책이 영향을 끼치기도 하였다. 선교사들 중에서는 문명국인 일본이 한국을 통치하는 것이 한국이 발전하는 데 오히려 도움이 된다는 견해를 밝히기도 했으며, 1907년 의병투쟁이 일어나자 이것을 반대하고 교인들의 의병투쟁 참여를 반대하는 입장을 분명히 했다. 심지어 선교사 게일은 의병투쟁을 "미친 듯한 사이비 애국주의"라고 혹평하기도 했다.

　그러나 선교사들의 이런 태도와는 달리 한국 교인들은 대부 흥운동에도 열정적이었지만 기독교 민족운동도 적극적으로 전개해 나갔다. 1900년대의 대표적인 기독교 민족운동은 독립협회와 협성회의 전통을 계승한 계몽운동과 1905년을 전후하여 일어난 을사늑약반대운동과 의열투쟁을 들 수 있다.

† 계몽운동과 을사늑약반대운동 †

　기독교의 계몽운동은 학교, 강습소, 야학 등을 설립하는 것과 신문과 잡지 등을 발간하는 것이 주류를 이뤘다. 이런 계몽운동의 대표적인 단체가 1903년에 창립된 황성기독교청년회(YMCA)였다. 황성기독교청년회는 독립협회가 해산된 이후 명맥이 거의 끊어진 계몽운동을 재개했다. 독립협회 활동을 하다가 구속된 후 옥중에서 기독교인이 되어 출옥한 이상재, 이원긍, 유성준, 홍재기, 김정식 등이 1904년 입회하고 윤치호, 김규식 등의 기독교인들까지 가세하면서 교육을 통한 계몽운동이 활성화되었다.

　황성기독교청년회는 특히 실업교육과 대중집회에 집중했는데, 공업과와 강습소를 설치하여 상업, 부기 산술, 대수, 사진,

건축, 측량 기술 등을 가르치고, 목공, 제화, 인쇄, 철공, 가구 제작 등의 실업교육과 영어, 일어, 중국어 등 외국어교육도 실시했다. 또한 일반 대중을 대상으로 해서 연설회, 토론회, 환등기 상영 등을 실시하였다.

또한 이원긍, 이준, 홍재기, 김정식, 유성준, 고찬익 등 연동장로교회 교인들이 핵심이 되어 1904년 8월에 창립한 국민교육회도 대표적인 기독교 계몽운동 단체였다. 국민교육회는 창립 초기 사무실을 연동의 그리스도신문사에 두고, 문명의 본뜻은 교육에 있으며 교육의 본뜻은 기독교에 있으므로 이런 진리를 밝혀 국민교육에 힘쓴다는 목적을 가지고 교사양성기관을 설립하였다. 국민교육회는 교과서를 편찬하는 활동 외에도 황성기독교청년회 활동에도 참여하고 공진회, 헌정연구회 등에 참여하여 정치활동도 하였다. 국민교육회는 집회 시 개회와 폐회 절차를 하나님께 기도하고 이 조항은 영원히 고치지 못한다는 규정을 교육회의 규칙으로 정하기도 했다.

기독교인들의 을사늑약반대운동은 상동감리교회 엡윗청년회를 중심으로 해서 일어난 반대운동이 대표적인 사례이다. 상동감리교회의 민족운동은 한국민족운동의 선구자라 불리는 전덕기 목사의 헌신적인 활동과 목회로 형성되었다. 1897년 9월에 설립된 상동교회 엡윗청년회(Epworth League)는 상동청년학원, 공옥학교, 야학강습소 등을 설립하여 운영하였으며, 『가정잡지』, 『수리학잡지』 등을 발간하여 계몽운동을 전개했다. 특히 전덕기에게 감화를 받은 이필주, 김진호, 우덕순, 주시경, 조성환, 안태국, 이동휘, 이동녕, 이시영, 이회영, 양기탁, 안태국, 최재학, 박용만, 홍순만, 최남선 등의 청년교인들이 상동교회청년회를 중심으로 모여 민족운동을 전개했다.

이들은 일명 상동파라고 불리면서 기독교 민족운동의 핵심세력으로 활동했다. 상동파는 을사늑약의 무효화를 위해 4~5명이 돌아가며 계속해서 덕수궁 대한문 앞에서 상소하는 복합상

▲ 황성기독교청년회(YMCA) 회관(1908년)

소伏閣上疏를 시도했다. 이들은 상소를 받아들이지 않으려면 자신들의 목을 치라는 의미에서 도끼를 등에 메고 상소를 올렸다.

아울러 종로에서는 을사늑약 반대 가두연설회를 개최하였다. 비록 복합상소와 가두연설회는 경찰에 의해 해산되었지만 상동교회 청년들의 민족운동은 1907년 헤이그 만국평화회의에 특사를 파견하고, 대표적인 기독교 민족운동단체인 신민회의 결성을 주도하는 데까지 이어졌다.

† 기독교인들의 의열투쟁 †

기독교인들이 의병투쟁과 같은 무장투쟁에 집단적으로 참여한 경우는 많지 않다. 선교사들은 당연히 의병에 대해서 강도와 폭도라고 비난하였지만 한국 기독교인들은 의병투쟁에 긍정적인 태도를 가진 사람들도 많이 있었고 의병들 또한 기독교인에 대해서 적대적이지 않았다. 기독교인들이 의병투쟁에 참여한 사례는 드물지만 의열투쟁에 앞장선 사람들은 많이 있었다. 의열투쟁에 있어서도 상동파가 매우 적극적으로 활동하였는데, 전덕기, 정순만 등은 평안도 장사壯士들을 동원하여 을사오적을 응징하려는 계획을 세웠으나 미수에 그치고 말았다.

1908년 3월에는 기독교인 장인환이 미국 샌프란시스코에서 통감부의 미국인 고문 스티븐스를 저격하였다. 스티븐스는 원래 대한제국 외부고문이었는데, 오히려 통감부의 정책에 협조하여 일본의 식민통치를 선전하는 역할을 하고 있었다. 스티븐스는 치명상을 입고 저격당한 지 이틀 만에 사망하였다. 장인환은 체포되어 재판에 회부되었는데 재미한인 단체들과 미국 언론들의 구명 활동에 힘입어 종신형으로 감형되었다.

그리고 1909년 10월 26일 만주 하얼빈역에서 안중근이 이토 히로부미를 사살한 사건도 상동교회 출신인 우덕순이 함께 추진한 것이었다. 우덕순은 을사늑약 체결 후 블라디보스토크로 망명하여 항일독립운동을 전개하던 중에 1908년 안중근을 만나 이토 사살을 계획하였다. 두 사람은 이토의 러시아 방문을 알고 난 후 저격 장소로 하얼빈과 채가구 두 군데를 선정하고 우덕순이 하얼빈을 담당하고 안중근이 채가구를 담당했는데 마지막에 장소를 서로 바꿔서 안중근이 하얼빈역에서 이토를 사살하게 되었다. 안중근의 거사 이후에 우덕순 또한 체포되었다. 그런데 당시 기독교인들의 이런 의열투쟁에 대해서 신앙적으로 어떻게 평가할 수 있는지에 대한 의문이 제기되었다. 이런 의문에 대해서 전덕기 목사는 1907년 3월 각회 연합연설회에서 자기 생각을 밝힌 적이 있다.

"기관수가 기술이 우수하지 못하면 승객만 위험할 뿐 아니라 기관수 자신이 먼저 죽을 것이오. 기관수가 죽어 승객이 죽을 지경에 빠지면 어찌 위급하지 않겠는가? 기관수가 기술이 우수하지 못하여 모두가 물에 빠질 지경에 이른 경우라면 해고하고 보는 것이 옳은가? 그른가? 지금 기관차 기관수가 기관을 사용하지 못하여 생명을 잃을 지경에 처했으니 그 기관수를 해고하는 것이 어찌 옳지 않겠는가?"

[황성신문 (1907년 3월 12일)]

전덕기의 이런 논리는 나치 정권 말기에 독일의 본회퍼(D. Bonhoeffer)가 히틀러의 암살모의에 참여하면서 주장한 술취한 운전사의 횡포를 막기 위해 끌어내려야 한다는 논리와 맥을 같이 한다. 전덕기의 이런 주장 속에서 당시 기독교인들이 민족운동을 전개해 나갈 때 신앙과 민족운동의 상관관계에 대해서 신앙적으로 깊이 숙고하고 있었음을 알 수 있다. 따라서 민족운동을 전개한 기독교인들은 신앙과 민족의식을 분리된 것으로 여

▲ 상동교회 민족운동의 구심점 전덕기 목사

기는 것보다 신앙이 민족운동의 원동력이 될 수 있음을 보여
준 귀중한 모범이라고 할 수 있을 것이다. 즉 복음적이며 동시
에 민족적인 신앙 전통을 만들어 냈다고 할 수 있다.

2) 복음적이고 민족적인 신앙 전통을 만들다

복음적이고 민족적인 신앙 전통을 만든 대표적인 사례는
1911년에 일어난 105인 사건으로 인해 실체가 드러나게 된 신
민회新民會에서 찾을 수 있다.

† 신민회의 기독교 민족운동 †

신민회는 기독교인들이 조직한 1900년대 국내 최대의 비밀
항일단체였다. 평양대부흥운동의 열기가 아직 사라지지 않은
1907년 4월에 안창호와 이승훈을 중심으로 한 서북 지역(평
안도와 황해도) 기독교인들, 전덕기를 중심으로 한 서울 지역
의 상동파 기독교인들, 윤치호를 비롯한 황성기독교청년회 지
도자들이 연합하여 결성한 단체이다. 신민회의 창립취지는
일본에 빼앗긴 국권을 회복하기 위해 부패한 구시대의 사상

과 관습을 혁신하고 근대적인 교육과 산업을 육성하여 새롭게 된 국민이 통일 연합하여 새로운 자유문명국을 수립하는 것이었다.

이를 위하여 신민회는 중앙조직을 서울에 설치하여 총감독(양기탁), 집행원(안창호), 총서기(이동녕), 재무원(전덕기) 등의 집행부와 의사원(의결기관), 감찰원(사법기관)을 두고 서북지역을 중심으로 도총감, 평의원-군감, 평의원-도반장-부반장-반장 등의 체계로 지방조직을 만들었다. 평양, 선천, 정주, 의주, 용천 등 기독교인들이 많은 지역의 교회와 학교의 교사, 학생, 그리고 지역 상공업자들이 엄격한 기준과 절차를 거쳐서 회원이 되었다. 그런데 이와 같이 신민회의 중추적인 지방조직이 설치된 지역은 대부흥운동에 가장 열정적으로 참여한 지역이자 뜨겁게 감동을 받아 회개에 따른 실천, 자발적인 전도운동으로서의 날연보와 십일조회 운동 등을 열심히 전개하여 복음적인 신앙 전통을 형성한 지역이기도 했다.

평양을 중심으로 한 평안남도의 신민회 지방조직은 숭실, 대성, 일신, 양실학교 등의 교사와 학생, 상공업자들로 조직되었다. 이들은 표면적으로 청년학우회, 동제회, 면학회, 권장회 등을 만들어서 활동하였다. 평안북도의 지방조직은 선천을 중심으로 해서 청산, 의주, 갑산, 용천, 정주, 납청정 등에 만들어졌는데, 이 지역 회원 대부분은 상공업자들이었다.

신민회가 주력한 민족운동은 교육계몽운동, 항일경제운동, 항일무장투쟁 등으로 나눌 수 있다. 교육계몽운동은 신민회가 가장 심혈을 기울인 민족운동이었다. 이 운동은, 첫째, 국민들에게 국권회복을 위한 신교육新敎育의 절실한 필요성을 계몽하여 학교 설립을 유도하고, 둘째, 각지에 설립된 학교의 교육방침을 국권회복에 적합하도록 지도하며, 셋째, 신민회 자체가 시범학교를 설립하여 국권회복을 위한 인재를 양성하는 방향으로 전개되었다. 이런 취지에서 시범학교로 1907년 이승훈이 정주에 오산학교를, 1908년에 안창호가 평양에 대성학교를 세운 것인데, 이렇게 설립된 두 학교는 이후 수많은 민족운동가를 배출하는 요람이 되었다.

신민회의 항일경제운동은 이승훈이 제창한 관서자문론關西資門論에 입각하여 전개되었다. 관서자문론은 일본의 자본침투에 대한 대응책으로 제시된 민족자본 형성론의 한 방법이었다. 러일전쟁 이후 일본으로부터 대규모의 자본이 침투하자 이에 대한 대응책으로 우선 관서(서북) 지역 상공업자들만이라도 자본의 규모와 관계없이 토착 자본을 하나로 규합할 것을 주장한 것이다. 이에 따라 상무동사, 협성동사 등의 무역상사와 마산동 자기주식회사, 태극서관 등을 설립하였다.

항일무장투쟁은 1910년 4월과 9월에 중국 산둥 성 청도와 러시아 블라디보스토크에서 신민회의 주요인물들이 회의를 열고 해외독립기지 건설과 군관학교 설립을 결정하였지만 이후 105인 사건으로 신민회가 발각되고 회원들이 검거되면서 더 이상 진행될 수 없었다.

† 안악사건과 105인 사건 †

신민회의 이와 같은 민족운동은 안타깝게도 1911년 10월에 발생한 105인 사건으로 인해 조직이 드러나고 와해되면서 파국을 맞이하였다. 105인 사건은 일명 데라우치 총독 모살미수 사건으로 불리는데 이것은 일제가 서북 지역의 기독교 민족운동을 억압하고 민족운동가들을 처단할 목적을 가지고 조작한 사건이었다. 105인 사건의 빌미를 제공한 것은 안악사건이다.

안악사건은 1910년 11월에 안중근의 사촌 동생인 안명근이 서간도 독립군 기지 건설을 위해 황해도 안악 지역에서 비밀리에 자금을 모금하다가 친일분자의 밀고로 헌병경찰에 체포되었는데, 일제가 이것을 이용해 안명근이 모금한 자금을 데라우치 총독을 암살하기 위한 자금으로 몰아간 사건이다. 일제는 이 모금에 관련된 안악 지역의 기독교 민족운동가 160여

명을 체포 구금한 후 그중에 안명근, 김구, 김홍량 등 16명을 재판에 회부하여 암살미수죄, 내란미수죄 등으로 5~15년을 선고하였다.

그 후 안악사건을 조사하는 중에 서북 지역 기독교 민족운동가들의 데라우치 총독 모살 계획을 적발했다고 주장하면서 1911년 10월부터 평양과 선천, 서울의 기독교인들을 체포하기 시작했다. 일제는 무려 700명을 구속한 후 온갖 협박과 고문으로 사건을 날조하여 123명을 기소하였다.

일제의 공소장은 윤치호, 양기탁, 안태국, 이승훈, 옥관빈, 임치정 등이 데라우치 총독이 평안도를 순시할 때 그를 암살할 계획을 세우고 1910년 8월부터 6회에 걸쳐 기회를 노렸지만 미수에 그쳤다고 기록했다. 이런 죄목으로 기소된 123명 중 1심 재판에서 105명이 유죄판결을 받았는데, 이 사건의 날조가 너무 쉽게 드러나서 국제 언론으로부터 비난을 받자 제2심에서는 105명 중 99명을 무죄로 석방하고 윤치호, 이승훈, 안태국, 양기탁, 임치정에게 징역 6년형을, 옥관빈에게는 징역 5년형을 선고하였다. 그후 1913년 10월에 경성고등법원에서 형이 확정되었으나 1915년 2월에 일본 국왕의 특사 형식으로 6명이 모두 석방되었다.

105인 사건으로 구속되어 1심 재판에 회부된 123명의 출신 지역을 살펴보면 평안북도 출신이 89명, 평안남도 출신이 27

명, 황해도 출신이 2명, 서울을 포함한 경기도 출신이 5명으로 평안남북도 지역 출신이 무려 116명으로 절대다수를 차지한다. 그중에서도 평안북도 지역 출신이 89명이나 된다. 이렇게 보면 일제가 계획한 서북 지역의 기독교 탄압과 기독교 민족운동가들을 처단하고자 한 칼날이 어디를 겨누고 있었는지 충분히 짐작할 수 있다. 특히 46명으로 평안북도 지역 중에서도 가장 많은 구속자가 나온 지역은 선천이었다. 다음으로 구속자가 많은 지역은 30명인 평안북도 정주, 그다음은 27명이 구속된 평안남도 평양이었다.

결국 일제의 칼날은 이후로도 계속해서 서북 지역 민족운동

▲ 105인 사건으로 끌려가는 사람들

의 3대 거점으로 지목되는 선천, 정주, 평양을 향하고 있음을 알 수 있다. 그것은 일제가 무단식민통치를 하는 데 있어서 이 세 지역의 기독교 민족운동이 가장 심각한 위험요인이라고 생각하고 있었으며 그러므로 반드시 제거해야 할 장애물로 여기고 있었음을 의미한다.

그런데 이미 말한 바와 같이 이 세 지역은 대부흥운동의 중심지로 부흥운동 정서가 넘쳐나는 지역이기도 했다. 결국 선천, 정주, 평양의 기독교 신앙은 대부흥운동에 열정적이기도 하고 동시에 민족운동에 열정적이기도 한 특징을 가지고 있었다. 다시 말하면 이 지역의 기독교인들은 복음적이고 민족적인 기독교 신앙을 가지고 있었다는 것이다.

† 복음적이고 민족적인 선천 지역 기독교 †

선천 지역의 기독교를 살펴보면 복음적이고 민족적인 기독교 신앙이 괴리감 없이 공존하고 있는 모습을 발견할 수 있다. 선천에는 미국 북장로회 선교사인 휘트모어(N. C. Whittemore)가 1896년에 파송되어 1898년에 건물을 사서 본격적으로 교회가 시작되었지만 휘트모어가 오기 이전에 이미 노효준과 나병규가 평양에서 입교한 후 선천으로 돌아와서 전도함으로 선천의 기독교는 시작되었다. 여기에서도 한국 기독교인들의 자립적이고 자발적인 신앙의 모습을 발견하게 된다.

이렇게 시작된 선천의 기독교는 1903년에는 전체 인구 5,000명 가운데 500명이 기독교인이 될 만큼 급격하게 성장하였다. 1906년에는 1,400명으로 늘어났으며, 1911년에는 교인이 너무 많아서 북교회에서 남교회가 분립하게 되었다. 이렇게 선천의 기독교인들은 빠른 속도로 증가하여 전체 읍민의 60퍼센트를 차지하기도 해서 주일에 장날이 겹치면 장이 서지 못할 정도였다. 선천의 기독교인들은 당연히 대부흥운동에도 열정적이었고 부흥운동의 정서가 넘쳐나는 복음적인 신앙을 가지고 있었다.

아울러 선천은 기독교인들의 민족의식이 충만한 지역이기도 했다. 105인 사건에서 가장 많은 구속자를 낸 사실이 이것을 입증하고 있다. 1906년에 설립된 신성학교와 1907년에 세워진 보성여학교는 정주의 오산학교와 함께 민족운동의 대표적인 학교였다. 특히 양전백, 김석창, 노정관이 설립하고 휘트모어가 1대, 3대 교장을 역임한 신성학교는 기독교 신앙과 민족운동의 요람이었다. 신성학교의 건학정신 속에는 기독교 신앙과 자주자강自主自强 하려는 민족적인 열망이 함께 자리 잡고 있었다.

이렇게 선천 지역의 기독교 신앙은 하나님을 향한 뜨겁고 절대적인 신앙과 민족의 요구에 적극적으로 응답하고 참여하는 신앙을 동시에 가지고 있었다. 즉 복음적인 신앙과 민족적인 신앙이 괴리감 없이 통합되어 있는 신앙이었다.

선천 지역 기독교의 이런 특징을 대표적으로 보여주는 사람이 양전백 목사이다. 양전백은 평북 의주 출신으로 1892년 같은 고향 출신인 김관근의 전도로 기독교인이 되었다. 그 후 양전백은 1895년 마펫으로부터 세례를 받고 권서로 임명받아 활동하다가 1896년 휘트모어의 조사가 되어 그와 함께 선천, 강계, 철산, 삭주, 의주 등 평안북도 지역을 순회하면서 전도하고 교회를 설립하였다. 1902년에는 선천읍 북교회에서 장로 안수를 받았고 1907년에는 장로교 최초의 한국인 7인 목사 중 한 사람으로 안수를 받았다. 그는 1933년 세상을 떠날 때까지 선천에서 목회하였는데 그가 평생 전도하기 위하여 다닌 거리가 12만여 리에 이를 만큼 복음전도에 열정을 쏟아 부은 전형적인 복음적 신앙의 소유자였다. 동시에 그는 선천 지역 신민회의 중심인물로 105인 사건으로 체포되어 1심에서 6년형을 선고받을 만큼 민족운동에 적극적이었다. 또한 1919년 3·1운동에서도 민족대표 33명 중 한 명으로 참가하여 옥고를 치르기도 했다. 이처럼 양전백은 복음적이고 민족적인 기독교 신앙을 함께 소유하고 있었다.

▲ 평북 선천의 신성학교(1925년)

마지막으로 기독교 민족운동에 투신하여 주도한 사람들의 상당수는 평신도였음을 알 수 있다. 또한 복음적이고 민족적인 신앙의 전통이 만들어지는데 있어서도 평신도의 활약상을 파악할 수 있다. 그것은 신민회의 회원구성에서나 105인 사건으로 구속된 사람들의 면면을 살펴보아도 충분히 짐작할 수 있다. 이것은 초기 한국 기독교 역사 속에 나타난 평신도의 역할과 영향력에 대하여 역사적으로 재평가하는 일이 더욱 활발하게 진행되어야 함을 의미하기도 한다.

_ 참고 문헌 _

/ 제1장

평신도, 한국 기독교의 기초를 놓다

국사편찬위원회. 『한국사37:서세동점과 문호개방』. 국사편찬위원회, 2000.

국사편찬위원회. 『한국사38:개화와 수구의 갈등』. 국사편찬위원회, 1999.

그리스도교와 겨레문화연구회. 『한글성서와 겨레문화』. 기독교문사, 1986.

김명호. 『초기 한미관계의 재조명』. 역사비평사, 2005.

김수진. 『한국 기독교 선구자 서상륜』. 진흥, 2009.

김수진. 『한국 기독교 선구자 이수정』. 진흥, 2006.

민경배. 『한국 기독교회사(신개정판)』. 연세대학교출판부, 1995.

박용규. 『한국 기독교회사1』. 생명의말씀사, 2005.

배요한. 「이수정의 신앙고백문에 대한 유교철학적 분석」, 『장신논단』38, 2010.

서정민. 「평안도지역 기독교사의 개관」, 『한국 기독교와 역사』3, 1994.

오수창. 『조선후기 평안도 사회발전 연구』. 일조각, 2002.

오윤태. 『한국 기독교사VI: 선구자 이수정편』. 혜선문화사, 1983.

이덕주. 『새로 쓴 한국그리스도인들의 개종이야기』. 한국기독교역사연구
　　소, 2007.

이덕주. 『한국교회 처음이야기』. 홍성사, 2006.

이덕주. 조이제. 『한국 그리스도인들의 신앙고백』. 한들, 1997.

이만열. 『한국 기독교와 민족의식』. 지식산업사, 2000.

최성일. 「존 로스와 한국 개신교(II)」, 『기독교사상』1992. 2.

한국기독교역사학회. 『한국 기독교의 역사 I (개정판)』. 기독교문사, 2011.

한국기독교역사학회. 『한국 기독교의 역사 II (개정판)』. 기독교문사, 2012.

한국기독교역사연구소 편. 『조선예수교장로회사기(상)』. 한국기독교역사연구소, 2005.

허호익. 『귀츨라프의 생애와 활동』. 한국기독교역사연구소, 2009.

/ 제2장
평신도, 자립적 한국 기독교의 틀을 만들다

국사편찬위원회. 『한국사37: 서세동점과 문호개방』. 국사편찬위원회, 2000.

국사편찬위원회. 『한국사38: 개화와 수구의 갈등』. 국사편찬위원회, 1999.

곽안련, 박용규·김춘섭 역. 『한국교회와 네비우스선교정책』. 대한기독교서회, 1994.

김승태, 박혜진. 『내한 선교사 총람: 1884~1984』. 한국기독교역사연구소, 1994.

더글라스 A. 스위니, 조현진 역. 『복음주의 미국역사』. CLC, 2015.

데이비드 W. 베빙턴, 채천석 역. 『복음주의 전성기』. CLC, 2012.

류대영. 『초기 미국선교사 연구』. 한국기독교역사연구소, 2001.

류대영. 『개화기 조선과 미국선교사』. 한국기독교역사연구소, 2004.

마크 A. 놀, 최재건 역. 『미국 캐나다 기독교역사』. CLC, 2005.

민경배. 『한국 기독교회사(신개정판)』. 연세대학교출판부, 1995.

민경배. 『교회와 민족』. 연세대학교출판부, 2007.

박용규. 『한국 기독교회사 1』. 생명의말씀사, 2005.

박정양, 한철호 역. 『미행일기』. 푸른역사, 2015.

알렌, 김원모 역. 『구한말 격동기 비사 알렌의 일기』. 단국대학교출판부, 1991.

엘리자베스 언더우드, 변창욱 역. 『한국의 선교역사 1884~1934』. 케노시스, 2013.

이덕주. 『한국교회 처음이야기』. 홍성사, 2006.

정성화·로버트 네프. 『서양인의 조선살이』. 푸른역사, 2008.

존 울프, 이재근 역. 『복음주의 확장』. CLC, 2010.

한국기독교역사학회. 『한국 기독교의 역사 I (개정판)』. 기독교문사, 2011.

한국기독교역사학회. 『한국 기독교의 역사 II (개정판)』. 기독교문사, 2012.

해리 로즈, 최재건 역. 『미국 북장로교 한국선교회사』. 연세대학교출판부, 2009.

황준헌, 조일문 역. 『조선책략』. 건국대학교출판부, 2006.

/ 제3장

민중 속에 뿌리내리는 한국 기독교와 평신도

국사편찬위원회. 『한국사40 : 청일전쟁과 갑오개혁』. 국사편찬위원회, 2000.

국사편찬위원회. 『한국사41 : 열강의 이권침탈과 독립협회』. 국사편찬위원회, 1999.

국사편찬위원회. 『한국사42 : 대한제국』. 국사편찬위원회, 2003.

김정인. 『민주주의를 향한 역사』. 책과함께, 2015.

노대환. 『문명』. 소화, 2010.

민경배. 『한국 기독교회사(신개정판)』. 연세대학교출판부, 1995.

박용규. 『한국 기독교회사1』. 생명의말씀사, 2005.

박형우·홍정완. 「박서양의 의료활동과 독립운동」, 『의사학』15-2, 2006.

신규환·박윤재.『제중원 세브란스이야기』. 역사공간, 2015.

올리버 R 에비슨, 박형우 역.『올리버 R. 에비슨이 지켜본 근대한국 42년』.
　　　　　청년의사, 2010.

윤치호, 송병기 역.『국역 윤치호 일기1』. 연세대학교출판부, 2001.

류대영.『한말 기독교 신문의 문명개화론』,『한국 기독교와 역사』22, 2005.

유영렬.『개화기의 윤치호 연구』. 경인문화사, 2011.

이경숙·이덕주·엘렌 스완슨.『한국을 사랑한 매리 스크랜튼』. 이화여자대
　　　　　학교출판부, 2010.

이덕주.『한국교회 처음이야기』. 홍성사, 2006.

이덕주.『한국교회 처음 여성들』. 홍성사, 2007.

장성진.『초기 한국 개신교 역사에 나타난 전도부인의 주요한 공헌』,『한국기
　　　　　독교역사연구소 소식』75, 2006.

장진경.『초기 개신교 전도부인의 교육과 여성선교』,『기독교 교육정보』21,
　　　　　2008.

차신정.『한국 개신교 초기 그리스도를 나눈 의료선교사』. 캄인, 2013.

캐서린 안, 김성웅 역.『조선의 어둠을 밝힌 여성들』. 포이에마, 2012.

한국기독교역사학회.『한국 기독교의 역사Ⅰ(개정판)』. 기독교문사, 2011.

한국기독교역사학회.『한국 기독교의 역사Ⅱ(개정판)』. 기독교문사, 2012.

/ 제4장

부흥운동과 민족운동 속에서의 평신도

국사편찬위원회.『한국사43:국권회복운동』. 국사편찬위원회, 1999.

노치준.『일제하 한국 기독교 민족운동 연구』. 한국기독교역사연구소, 1995.

민경배.『한국 기독교회사(신개정판)』. 연세대학교출판부, 1995.

민경배.『교회와 민족』. 연세대학교출판부, 2007.

박명수.『한국 교회 부흥운동 연구』. 한국기독교역사연구소, 2003.

박용규.『한국 기독교회사1』. 생명의말씀사, 2005.

박용규.『평양대부흥운동』. 생명의말씀사, 2007.

서정민.『한국 교회 초기 대부흥운동에 대한 사회적 반응: 신문 잡지의 반
　　　응을 중심으로』,『한국 기독교와 역사』 26, 2007

신성학교 교사편찬위원회.『신성학교사』. 고려서적주식회사, 1980.

유동식.『한국 감리교회의 역사 I』. kmc, 2013.

윤경로.『105인 사건과 신민회 연구』. 일지사, 1990.

이덕주.『로버트 하디 불꽃의 사람』. 신앙과지성사, 2013.

이덕주.『한국 교회 처음이야기』. 홍성사, 2006.

이덕주.『한국 토착교회 형성사 연구』. 한국기독교역사연구소, 2001.

이덕주.『전덕기 목사의 생애 재구성』,『한국기독교역사연구소 소식』33, 1998.

이만열.『한국 기독교와 민족의식』. 지식산업사, 2000.

장규식.『한국 기독교민족주의 연구』. 혜안, 2001.

한국기독교역사학회.『한국 기독교의 역사 I(개정판)』. 기독교문사, 2011.

한국기독교역사학회.『한국 기독교의 역사 II(개정판)』. 기독교문사, 2012.

허호익.『길선주 목사의 목회와 신학사상』. 대한기독교서회, 2009.

황재범.『한국 개신교의 1907년 평양대부흥운동에 대한 다양한 해석들의
　　　비교 연구』,『종교연구』 45, 2006.

평신도,
교회를 세우다

펴낸날 2016년 1월 25일

지은이 김일환
펴낸이 주계수 | **편집책임** 윤정현 | **꾸민이** 전은정

펴낸곳 밥북 | **출판등록** 제 2014-000085 호
주소 서울시 마포구 월드컵북로 1길 30 동보빌딩 301호
전화 02-6925-0370 | **팩스** 02-6925-0380
홈페이지 www.bobbook.co.kr | **이메일** book@bobbook.co.kr

© 김일환, 2016.
ISBN 979-11-5858-093-3 (03200)

※ 이 도서의 국립중앙도서관 출판시도서목록(CIP)은 e-CIP 홈페이지(http://www.
  nl.go.kr/cip)에서 이용하실 수 있습니다. (CIP 2015033670)

※ 이 책은 저작권법에 따라 보호받는 저작물이므로 무단전재와 복제를 금합니다.
※ 책값은 표지 뒷면에 표기되어 있습니다.